Das Nachlass-Set

Testament
Vermögensübersicht
Digitaler Nachlass
Bestattungsverfügung

Stiftung Warentest

Sophie Mecchia
Michael Sittig

Inhalt

Sie können die Formulare auch kostenlos online ausfüllen. Den Link und einen QR-Code finden Sie auf Seite 111.

Kurzratgeber

Worauf kommt es an, wenn ich meinen Nachlass regeln möchte, und wo lauern Fallstricke? In diesem einleitenden Kurzratgeber können Sie sich schnell einen ersten Überblick über das Thema verschaffen. Sie bekommen kurze Antworten auf die wichtigsten Fragen rund um Testament und Erbvertrag. Außerdem erfahren Sie, welche weitverbreiteten Irrtümer zu folgenschweren Fehlern führen können – und wie Sie es besser machen.

Antworten auf die 15 wichtigsten Fragen

„Das ist mir zu kompliziert“, denken viele und schieben den Gedanken, ein Testament zu verfassen, von sich. Wir machen es Ihnen einfach. Die Antworten auf die 15 wichtigsten Fragen sind schnell gelesen und geben Ihnen einen ersten Überblick.

Frage 1
Warum sollte ich meinen Nachlass regeln?

Weil die Gefahr groß ist, dass die vom Gesetzgeber als Standard vorgegebene Erbfolge nicht zu dem Ergebnis führt, das Sie sich wünschen. Ein individuell gestaltetes Testament stellt sicher, dass Ihr Lebenswerk nach Ihrem Tod wirklich jenen Menschen zugutekommt, denen es zugedacht ist. Zudem leistet ein klar formulierter letzter Wille den wohl wichtigsten Beitrag zum Familienfrieden. In der Praxis zeigt sich immer wieder: Die Frage, wer das Silberbesteck oder den Familienschmuck bekommen soll, löst selbst in vermeintlichen Bilderbuchfamilien oft erbitterte Fehden aus, die sich über Jahre hinziehen und Unsummen an Anwalts- und Gerichtskosten verschlingen können.

Frage 2
Was muss ich beachten, wenn ich ein Testament verfasse?

Damit Ihre sorgfältig ausbalancierten Verteilungsregeln am Ende tatsächlich greifen, ist vor allem eines wichtig: die richtige Form. Ihr Testament muss daher entweder ein Notar beurkunden – oder Sie müssen es eigenhändig verfasst haben. Wichtig ist, das ganze Dokument per Hand zu schreiben und es mit Ihrer Unterschrift abzuschließen. Das mag – je nach Handschrift – zwar nicht besonders offiziell aussehen. Wer jedoch der Optik wegen seinen letzten Willen am PC oder auf der Maschine tippt und ausdruckt, hat damit kein gültiges Testament erstellt. Tipp: Besteht Ihr Testament aus mehreren Blättern, sollten Sie jedes mit einer Nummer und dem Datum versehen und mit Ihrem vollen Namen unterschreiben. Mehr Tipps zur richtigen Form finden Sie ab Seite 30.

Frage 3
Was ist der Unterschied zwischen Testament und Erbvertrag?

In einem Testament können Sie allein bestimmen, wer Ihren Nachlass bekommen soll. Einen Erbvertrag schließen Sie hingegen immer mit einem Partner. Er kann beispielsweise infrage kommen, wenn sich unverheiratete Partner gegenseitig absichern möchten. Ein Einzeltestament können Sie jederzeit frei widerrufen, an einen Erbvertrag bleiben beide Vertragspartner grundsätzlich gebunden. Sie können dessen Aussagen nur gemeinsam ändern. Zudem ist ein Erbvertrag nur wirksam, wenn ein Notar ihn beurkundet hat. Abschwächen lässt sich die Bindungswirkung, indem die Partner sich gegenseitig das Recht einräumen, vom Vertrag zurückzutreten (mehr dazu ab Seite 60). Übrigens: Verheiratete haben die Möglichkeit, ein gemeinsames Ehegattentestament zu verfassen, das einem Erbvertrag ähnelt. Wichtige Tipps dazu finden Sie ab Seite 54.

Frage 4
Was bedeutet es für meine Hinterbliebenen, Erben zu werden?

Nach deutschem Recht tritt der Erbe zu dem Zeitpunkt, an dem der Erblasser verstirbt, in dessen juristische Fußstapfen. Konkret bedeutet das: Der Erbe wird Inhaber aller Rechte des Erblassers und Schuldner aller Schulden – es sei denn, er schlägt die Erbschaft aus. Gibt es mehrere Erben, bilden sie eine sogenannte Erbengemeinschaft und können über den Nachlass bis zu dessen Verteilung ausschließlich gemeinschaftlich verfügen. Ein Recht einzelner Miterben an einzelnen Gegenständen besteht nicht. Erbengemeinschaften erweisen sich als sehr konfliktanfällig (mehr dazu ab Seite 62). Wer möchte, dass eine Person nur einen bestimmten Gegenstand erhält, ist daher gut beraten, diese nicht zum Erben einzusetzen, sondern ihr diesen zu vermachen.

Frage 5
Worin besteht der Unterschied zwischen einer Erbschaft und einem Vermächtnis?

Erben steht grundsätzlich alles zu, was der Verstorbene hinterlassen hat. Vermächtnisnehmer können hingegen den Gegenstand beanspruchen, den der Erblasser ihnen ausdrücklich zugedacht hat. Damit bieten sich Vermächtnisse beispielsweise immer dann an, wenn Sie einer Person etwas Gutes tun und dafür sorgen wollen, dass neben der Familie auch der beste Freund oder die treue

Haushälterin einen Anteil des Nachlasses erhält. Ist ein Vermächtnis angeordnet, müssen die Erben die besagten Gegenstände an die Begünstigten herausgeben. Aber Vorsicht: Sie können nicht einfach Ihren gesamten Nachlass verschiedenen Personen vermachen. Sie benötigen immer mindestens einen Erben, der Ihr juristischer Nachfolger wird (mehr siehe Seite 25).

Frage 6
Was ist ein Pflichtteil?

Der Pflichtteil ist ein gesetzlich vorgeschriebener Mindestanteil am Nachlass. Er steht engen Verwandten oder dem Ehegatten/Lebenspartner zu und sichert diesen – auch gegen den Willen des Erblassers – einen Anteil an dessen Vermögen. Der alte Juristen-Reim „Das Gut rinnt wie das Blut" gilt also selbst dann, wenn der Verstorbene seine Verwandten ausdrücklich enterbt hat. Der Pflichtteil macht die Hälfte des gesetzlichen Erbteils aus, also jenes Wertes, den Hinterbliebene verlangen können, wenn der Tote kein Testament erstellt hat. Der Pflichtteil ist ein Geldanspruch, den die Erben auszahlen müssen. Weil der Anspruch im Zweifel direkt nach Eintreten des Erbfalls fällig wird, kann das große Probleme bereiten. Fehlen die Mittel, um Enterbte auszuzahlen, müssen die Erben oft den Nachlass zu Geld machen. Mehr dazu lesen Sie ab Seite 50.

Frage 7
Wie kann ich den Pflichtteil ungeliebter Verwandter reduzieren?

Die wohl gängigste Methode heißt immer noch: Verschenken statt Vererben. Wer sein Vermögen bereits zu Lebzeiten auf jene Personen verteilt, die nach seinem Tod profitieren sollen, reduziert seinen Nachlass – und folglich den Pflichtteil der Enterbten. Das ist allerdings nur dann ein geeignetes und Erfolg versprechendes Vorgehen, wenn der Schenkende früh genug damit anfängt. Denn die Tücke steckt im Detail: Wer Vermögen verschenkt, kann den Pflichtteil dadurch nicht beliebig aushöhlen. Die meisten Schenkungen, die ein Vererbender in den letzten zehn Jahren vor seinem Tod veranlasst, werden zum Nachlass gezählt und erhöhen so den Pflichtteil. Aber: Je länger die Schenkung zurückliegt, desto geringer ist der Wertanteil, der in die Berechnung des Pflichtteils einfließt. Mehr zu diesem Thema lesen Sie ab Seite 70.

Frage 8
Wie kann ich Erbschaftsteuer sparen?

Grundsätzlich gilt: Wie hoch die Erbschaft- beziehungsweise Schenkungsteuer ausfällt, hängt nicht allein von den Summen ab, die übertragen werden. Entscheidend ist auch die Steuerklasse des Empfängers. Und die richtet sich nach dem Verwandtschaftsverhältnis zum Erblasser/Schenker (mehr dazu ab Seite 76). Auch die Freibeträge variieren: Während etwa der Ehegatte eine halbe Million Euro steuerfrei erben (oder geschenkt bekommen) darf, gesteht der Fiskus einem nicht ehelichen Partner gerade einmal 20 000 Euro steuerfrei zu. Je nachdem, wie üppig es um die eigenen Finanzen bestellt ist, sind daher unterschiedliche Strategien sinnvoll. Wer nur so viel zu verteilen hat, dass die Freibeträge alles abdecken, braucht sich um die Steuer keine Gedanken zu machen. Wer hingegen ein größeres Vermögen besitzt, kann taktisch vorgehen und seinen Nachfahren Steuern ersparen. Eine Option ist zum Beispiel, schon zu Lebzeiten regelmäßig Teile der Habe an die späteren Erben zu verschenken. Der Grund: Beschenkte können ihre Freibeträge alle zehn Jahre aufs Neue nutzen.

Frage 9
Was muss ich beachten, wenn eine Immobilie zum Nachlass zählt?

Handelt es sich bei dem Haus oder der Wohnung um das Familienheim, erben Ehe- oder eingetragener Lebenspartner sowie Kinder und Stiefkinder oft steuerfrei. Als Familienheim gilt ein Haus oder eine Wohnung, soweit der Erblasser darin bis zu seinem Tod gewohnt hat. Um die Steuervorteile ausschöpfen zu können, muss allerdings der Erbe dort einziehen und mindestens zehn weitere Jahre in der Immobilie wohnen bleiben. Wer das Haus verkauft, vermietet oder leer stehen lässt, verliert die Steuerbefreiung rückwirkend. Weitere Wege, wie Sie die Übertragung von Immobilien steuerlich optimal durchführen können, finden Sie ab Seite 84.

Frage 10
Wie kann ich Streit vermeiden?

Eine Garantie für ein gedeihliches Miteinander der Erben gibt es zwar nie. Wer früh das Gespräch mit der Familie sucht und in seinem Testament klare Anordnungen trifft, schafft aber zumindest die besten Voraussetzungen für ein friedliches Miteinander. Im Idealfall lässt sich so sogar die streitanfällige Erbengemeinschaft vermeiden. Sie entsteht immer dann, wenn es mehr als nur einen Erben gibt (siehe Seite 62). Wer etwa zwei Kinder hat, könnte nur eines davon zum Alleinerben einsetzen und das andere dafür mit großzügigen Vermächtnissen bedenken (siehe Frage 5). Das klappt aber nicht immer. Ist das Vermögen zum Beispiel in einer einzigen Immobilie gebunden, lässt sich eine Erbengemeinschaft kaum vermeiden. In solchen Fällen kann es ratsam sein, einen Testamentsvollstrecker einzusetzen.

Frage 11
Was tut ein Testamentsvollstrecker – und wann wird er gebraucht?

Der Testamentsvollstrecker ist eine Art Anstandswauwau für Erben. Seine Aufgabe ist es, den letzten Willen des Verstorbenen durchzusetzen. Gibt es mehrere Erben, überwacht der Testamentsvollstrecker etwa die Abwicklung und Auseinandersetzung der Erbengemeinschaft und kümmert sich darum, dass Vermächtnisnehmer zu ihrem Recht kommen. Auch wenn Minderjährige erben, kann er, quasi als verlängerter Arm des Verstorbenen, den Nachlass so lange verwalten, bis der Bedachte alt genug ist, sich selbst um sein Erbe zu kümmern. Ganz ohne Risiken ist die Bestellung eines solchen Treuhänders allerdings nicht: Wie Sie den passenden Kandidaten auswählen und welche Rechte Sie ihm besser nicht zugestehen sollten, lesen Sie ab Seite 35.

Frage 12
Kann ich im Testament Bedingungen stellen?

Bis zu einem gewissen Grad ist das möglich. Beispielsweise kann der Erblasser festlegen, dass eine bestimmte Person ihr Erbe oder Vermächtnis nur antreten darf, wenn sie ein von ihm gewünschtes Verhalten an den Tag legt (oder eine bestimmte Voraussetzung erfüllt). Ein typisches Beispiel für solch eine Auflage ist die Pflicht des Erben, das Grab des Verstorbenen zu pflegen oder dessen Haustier zu versorgen. Alternativ kann der Erblasser mit einer Auflage aber auch ein Verhalten verhindern. Beispielsweise kann er verbieten, dass die Erben das Familienheim verkaufen. Der Gestaltungsspielraum beim Einfügen von Auflagen ist groß. Unzulässig sind lediglich Anordnungen, die unmöglich, sittenwidrig oder verboten sind. Alles Wissenswerte zum Thema Auflagen finden Sie ab den Seiten 26 und 102.

Frage 13
Wann brauche ich einen Notar?

Geht es um ein einfaches Testament, muss grundsätzlich niemand zum Notar. Ein eigenhändiges Testament gilt genauso viel wie ein notarielles. Notare sind sogar verpflichtet, ihre Mandanten auf die kostenfreie Variante hinzuweisen. Auch Mittelwege sind möglich: So können Testierende etwa einen auf Erbrecht spezialisierten Anwalt aufsuchen und die von ihm empfohlene Version des Testaments handschriftlich zu Papier bringen. Wer statt eines Testaments einen Erbvertrag abschließen will, kommt um den Gang aufs Notariat hingegen nicht herum. Mehr Informationen dazu finden Sie ab Seite 59.

Frage 14
Kann ich meine Regelungen später ändern oder widerrufen?

Auch hier ist zwischen einfachen Testamenten und gemeinsamen Testamenten beziehungsweise Erbverträgen zu unterscheiden. Wer alleine seinen eigenen letzten Willen niedergelegt hat, kann dieses Testament jederzeit widerrufen – oder durch ein jüngeres Testament außer Kraft setzen. Von den einmal getroffenen Anordnungen in einem gemeinsamen Ehegattentestament oder einem Erbvertrag können sich die Partner hingegen in der Regel nur gemeinsam lösen. Diese Bindungswirkung (siehe dazu auch die Ausführungen ab Seite 58) führt in der Praxis oft zu Problemen – vor allem nach dem Tod eines Partners.

Frage 15
Wer kümmert sich nach meinem Tod um meine Daten im Internet?

Wer seinen Erben etwas Gutes tun will, sollte seinen digitalen Nachlass genauso akribisch regeln wie den materiellen. Wenn Sie Ihre Passwörter nur selten ändern, können sie diese zum Beispiel bei einem Notar hinterlegen und verfügen, wer nach dem Tod Zugriff auf welche Daten haben soll. Der Zugang zu den Daten ist für Erben wichtig, weil sie auch im Internet Rechtsnachfolger werden. Sie müssen etwa in der Lage sein, offene Rechnungen für Onlinebestellungen zu bezahlen und online geschlossene Verträge zu kündigen. Wissenswertes zu diesem noch immer unterschätzten Thema lesen Sie ab Seite 96.

Was für wen?

In welcher Familiensituation leben Sie und welche Wünsche haben Sie für Ihr Vermögen? Darauf kommt es an, wenn Sie Ihren Nachlass regeln möchten. Wir haben sieben typische Situationen zusammengestellt. Hier erfahren Sie in aller Kürze, wie Sie jeweils am besten vorgehen und wo Sie mehr zum Thema finden.

Wir sind ein Paar ohne Kinder

Das Ziel: Ob verheiratet oder nicht, Ziel kinderloser Paare ist es oft, den Partner abzusichern; andere Verwandte sollen nichts oder wenig erhalten.
Der Weg: Sie können sich gegenseitig in getrennten Testamenten zum Alleinerben einsetzen. Diese lassen sich aber widerrufen. Bindend ist für Ehegatten ein gemeinsames Testament, für Unverheiratete ein Erbvertrag.
Mehr zum Thema: Testament verfassen (S. 17), gesetzliche Erbfolge (S. 44), gemeinsames Testament (S. 54), Erbvertrag (S. 59).

Wir sind verheiratet und haben Kinder

Das Ziel: Viele möchten den Ehepartner absichern und das Familienvermögen zusammenhalten. Erst wenn der Partner stirbt, sollen die Kinder erben. Streit ums Erbe möchten sie vermeiden.
Der Weg: Verheiratete haben die Möglichkeit, sich über ein gemeinsames Testament, das Berliner Testament, abzusichern. Es hat jedoch auch Nachteile, unter anderem steuerliche. Für Vermögende kann es besser sein, wenn die Kinder bereits beim Tod des ersten Partners etwas erben.
Mehr zum Thema: gemeinsames Testament (S. 54), Pflichtteil (S. 50), Erbengemeinschaft (S. 62), Erbschaftsteuer (S. 76).

Wir sind nicht verheiratet und haben Kinder

Das Ziel: Der Wunsch unverheirateter Paare mit gemeinsamen Kindern ist oft, erst einmal den Partner abzusichern, bevor die Kinder erben.
Der Weg: Sie können das über zwei Testamente oder einen Erbvertrag regeln. Das Testament lässt sich jederzeit widerrufen – auch heimlich. Ein Erbvertrag lässt sich nicht ohne Zustimmung des Partners ändern.
Mehr zum Thema: Testament verfassen (S. 17), gesetzliche Erbfolge (S. 44), Erbvertrag (S. 59), Risikolebensversicherung (S. 89).

Wir leben in einer Patchworkfamilie

Das Ziel: Viele Paare mit Kindern aus früheren Beziehungen haben ein Hauptanliegen: Stirbt einer von ihnen, soll zunächst nur der Partner erben. Die Kinder sollen beispielsweise nach dem Tod beider Partner gleichberechtigt erben.
Der Weg: Sie können das über zwei Testamente oder einen Erbvertrag regeln. Das Testament lässt sich jederzeit widerrufen – auch heimlich. Ein Erbvertrag lässt sich nicht ohne Zustimmung des Partners ändern.
Mehr zum Thema: gesetzliche Erbfolge (S. 44), Erbvertrag (S. 59), Patchworkfamilie (S. 66), Testamentsvollstrecker (S. 35).

Ich möchte Angehörige enterben

Das Ziel: Angehörige wie ein Kind oder der Ehepartner sollen nichts erben.
Der Weg: Sie können nahe Verwandte in einem Testament enterben. Kinder, Ehepartner und Eltern gehen allerdings nicht ganz leer aus. Ihnen steht in aller Regel ein Pflichtteil zu, die Hälfte des gesetzlichen Erbteils.
Mehr zum Thema: Testament verfassen (S. 17), Pflichtteil (S. 50), Enterben (S. 70).

Ich habe wertvollen Immobilienbesitz

Das Ziel: Wer Immobilien besitzt, möchte meist, dass diese in der Familie bleiben und nicht wegen der Erbschaftsteuer verkauft werden müssen. Zudem sollen sich die Erben nicht darum streiten.
Der Weg: Um Steuern zu sparen, ist es sinnvoll, Teile der Immobilie bereits zu Lebzeiten zu verschenken und sich selbst den Nießbrauch zu sichern.
Mehr zum Thema: gesetzliche Erbfolge (S. 44), Erbschaftsteuer (S. 76), Immobilien verschenken oder vererben (S. 84), Erbengemeinschaft (S. 62).

Ich möchte mit meinem Erbe Gutes tun

Das Ziel: Etwa jeder Zehnte möchte, dass nicht (nur) die gesetzlichen Erben, sondern eine gemeinnützige Organisation von seinem Erbe profitiert.
Der Weg: Sie können Ihr Vermögen oder Teile davon in einem Testament oder Erbvertrag einer gemeinnützigen Organisation hinterlassen. Dabei müssen Sie allerdings das Pflichtteilsrecht Ihrer Verwandten berücksichtigen.
Mehr zum Thema: Testament verfassen (S. 17), gesetzliche Erbfolge (S. 44), Pflichtteil (S. 50), gemeinnützig vererben (S. 72).

Häufige Irrtümer

Falsche Vorstellungen führen zu schlechten oder unwirksamen Testamenten. Wir räumen mit diesen Missverständnissen auf.

Wenn ich kein Testament mache, erbt meine Ehefrau alles.

Falsch. Ohne Testament greift die gesetzliche Erbfolge: Haben Sie Kinder, erbt Ihre Ehefrau im Normalfall nur die Hälfte. Die andere Hälfte steht den Kindern zu. Frau und Kinder bilden dann eine Erbengemeinschaft. Haben Sie ein Haus vererbt, steht es allen Mitgliedern der Erbengemeinschaft gemeinsam zu. Will Ihre Frau weiter dort wohnen und wollen die Kinder aber Geld sehen, wird sie die Kinder auszahlen müssen.

Tipp: Regeln Sie das Erbe selbst. In einem speziellen Testament können Sie festlegen, dass Ihre Frau tatsächlich erst einmal allein erbt („Gemeinsames Testament“, S. 54).

Ich schreibe im Testament einfach auf, wer was erhält. Dann ist Streit ausgeschlossen.

Ganz und gar nicht. Angenommen, Sie schreiben in Ihr Testament: „Meiner Tochter Susanne vermache ich das Auto. Das Haus vermache ich meinem Sohn Peter.“ Dann bliebe zum einen offen, wer die anderen Sachen aus Ihrem Nachlass erhält. Haben Sie zum Beispiel noch Sparkonten und Aktien, könnte leicht ein Streit um diese Werte entbrennen.

Zum anderen hätten sie schlichtweg vergessen, einen oder mehrere Erben zu bestimmen. „Vermachen“ bedeutet juristisch eben nicht „vererben“. Wer etwas vermacht bekommt, erhält lediglich eine Sache aus dem Nachlass. Erbe zu sein umfasst jedoch viel mehr: Ein Erbe ist Nachfolger des Verstorbenen mit allen Rechten und Pflichten. Ist das Testament unklar, muss das Amtsgericht beim Erteilen des Erbscheines entscheiden, wen Sie wohl als Erben im Sinn hatten. Das Gericht könnte Ihr Testament so auslegen, dass Ihr Sohn Alleinerbe werden sollte. Dann bekäme er auch die Aktien und Sparkonten. Aus Sicht Ihrer Tochter ein ungerechtes Ergebnis.

Tipp: Im ersten Schritt benennen Sie im Testament Erben. Sollen mehrere Personen erben, schreiben Sie auf, wer wie viel Prozent vom Nachlass bekommt. Erst im zweiten Schritt verteilen Sie einzelne Sachen. Auch Personen, die nicht als Erbe eingesetzt sind, können Sie an dieser Stelle Gegenstände zukommen lassen, etwa per Vermächtnis.

Wenn ich geschieden bin, kann mein Ex-Partner nichts erben.

Das stimmt zwar für viele Fälle, denn mit der Scheidung endet das gesetzliche Erbrecht des Ehepartners. Wenn Sie jedoch im Testament keine Vorsorge treffen, kann Ihr Ex-Partner über Umwege eventuell doch noch von Ihrem Nachlass profitieren.

Beispiel: Ewald Endres hat mit Ex-Ehefrau Antonie einen gemeinsamen Sohn,

Achim. Nach der Scheidung hat er ihn im Testament als Alleinerben eingesetzt. Nach Ewalds Tod erbt Achim allein den gesamten Nachlass. Dann geschieht jedoch etwas Unerwartetes: Achim selbst stirbt vor seiner Mutter Antonie und hinterlässt kein Testament. Es gilt die gesetzlichen Erbfolge. Weil Achim keine Kinder hat, erbt Achims Mutter alles. Das Vermögen, das Ewald Endres ursprünglich seinem Sohn übertragen hatte, gelangt so doch in die Hände seiner Ex-Frau.

Tipp: Wer ein Testament verfasst, kann das verhindern. Etwa indem Sie als Geschiedener Ihr Kind zum Alleinerben machen und darüber hinaus einen Bruder oder Neffen zum Nacherben. Dann wäre auch Vorsorge getroffen, an wen das Erbe nach dem Tod Ihres Kindes ginge. So ließe sich der Ex-Partner ein für alle Mal ausbooten.

Schenke ich meinen Kindern Geld, wird das beim Erbe verrechnet.

Nein, eine spätere Verrechnung findet grundsätzlich nur statt, wenn Sie das bereits bei der Schenkung mit dem Kind so vereinbart haben. Das wird jedoch oft vergessen. Ohne eine solche Vereinbarung kann der Wert früherer Geschenke nur ausnahmsweise das Erbe mindern. Beispielsweise dann, wenn Sie Ihrem Sohn Geld zur Gründung einer Arztpraxis gegeben haben. „Ausstattung" nennen Juristen eine solche im Erbfall automatisch anzurechnende Existenzgründungshilfe.

Haben Sie Ihrem Sohn weitere 20 000 Euro für eine Weltreise gewährt, fehlt der Aspekt der Starthilfe. Folge: Das Geld wird nicht verrechnet. Bekommt Ihre Tochter zu Ihren Lebzeiten keinen Ausgleich für diesen Reisekostenzuschuss, können Sie im Testament für Gerechtigkeit sorgen – etwa indem Sie ihr zusätzlich zu ihrem Erbteil 20 000 Euro als Vermächtnis zukommen lassen.

Tipp: Wenn Sie sich in Sachen Testament von einem Anwalt oder Notar beraten lassen, sollten Sie diesem von allen großen Geschenken erzählen, die Sie im Lauf Ihres Lebens verteilt haben. Der Experte kann das Testament so gestalten, dass unterm Strich alle Kinder gleich behandelt werden.

Das Geld aus meiner Lebensversicherung bekommen meine Erben.

Nein, das Geld geht stets an die Person, die Sie dem Versicherer beim Abschluss des Vertrages als Bezugsberechtigten benannt haben und die daraufhin in die Police eingetragen wurde. Ist das Ihre Ex-Frau, erhält sie das Geld – auch wenn Sie danach viele Jahre mit einer anderen Frau zusammen waren. Ist der Bezugsberechtigte gleichzeitig Erbe, erhält er die Versicherungssumme zusätzlich zu seinem Erbteil. Die Versicherungssumme wird nicht mit dem Erbe verrechnet.

Tipp: Die bezugsberechtigte Person können Sie jederzeit ändern lassen. Wenn Sie eine neue Person eintragen lassen wollen, müssen Sie das der Versicherung mitteilen. Ein Vermerk im Testament reicht nicht aus.

Wie verfasse ich mein Testament?

Wer seinen Nachlass selbst verteilen will, kommt um ein Testament nicht herum. Damit es rechtsgültig ist, müssen Form und Inhalt stimmen. Um dabei niemanden zu vergessen, ist es ratsam, sein Vermögen beizeiten aufzulisten und die Erben festzulegen.

In zehn Schritten zum Ziel

Zögern Sie nicht länger – Ihren Angehörigen alles geordnet zu hinterlassen, ist ein beruhigendes Gefühl. Unsere Anleitung führt Sie Schritt für Schritt sicher zum Testament.

1 Legen Sie zuerst Ihre Ziele fest: Welchem Zweck soll Ihr Vermögen nach Ihrem Tod dienen?

Schreiben Sie auf, was Sie mit Ihrem Hab und Gut über den Tod hinaus bewirken wollen. Ihre Wünsche bestimmen sowohl die Form des Testaments als auch die rechtlichen Anordnungen, die Sie darin treffen.

Notieren Sie möglichst unbefangen, was für Sie von Bedeutung ist, und gewichten Sie anschließend die Punkte. Oft steht ganz oben auf der Liste: „Mein Partner soll erst einmal abgesichert werden" und „Die Familie soll über mein Erbe nicht streiten". Wer viel besitzt, will zudem sicherlich verhindern, dass die Erben hohe Steuern zahlen müssen. Doch auch andere Wünsche können eine Rolle spielen:

- Möchten Sie bestimmte Kinder gegenüber anderen bevorzugen?
- Wollen Sie die Ausbildung von Kindern finanzieren?
- Gibt es hilfsbedürftige Personen, die Sie unterstützen möchten?
- Wollen Sie die Person belohnen, die Sie bis an Ihr Lebensende pflegen wird?
- Möchten Sie bestimmte kulturelle oder soziale Einrichtungen unterstützen?
- Ist nach Ihrem Tod ein Tier zu betreuen?
- Besitzen Sie ein Unternehmen, das erhalten bleiben soll?
- Soll nach Ihrem Tod jemand die Verteilung des Erbes überwachen?

Erfassen Sie auch größere finanzielle Zuwendungen, die Sie an Verwandte verteilt haben. Wenn Sie wollen, können Sie im Testament für einen Ausgleich sorgen.

2 Listen Sie Ihr Vermögen übersichtlich auf. Nutzen Sie dafür das Formular und die Ausfüllhilfe ab Seite 22.

In jedem Fall ist es ratsam, eine Vermögensübersicht zu erstellen und darin möglichst sämtliche Vermögenswerte (etwa Immobilien, Autos, Konten) aufzuführen. Tragen Sie auch Ihre Schulden ein. Sind Sie verheiratet oder leben Sie in einer nichtehelichen Beziehung, sollte auch Ihr Partner eine solche Übersicht für sich erstellen.

Beim Aufschreiben geht Ihnen vielleicht schon durch den Kopf, wer später welchen Gegenstand bekommen soll. Machen Sie sich ruhig schon Notizen dazu, damit Sie im Testament nichts Wichtiges vergessen.

Aus der Übersicht ergibt sich der ungefähre Wert Ihres Vermögens. Auf dieser Basis lässt sich ausrechnen, wie hoch der Pflichtteil von Angehörigen wäre, die Sie womöglich enterben wollen.

Apropos: Behalten Sie Pflichtteilsansprüche bei der Nachlassplanung stets im Auge. Ihre Erben müssen Pflichtteile sofort nach Ihrem Tod in bar auszahlen. Haben Sie diese dann in Ihrem Testament nicht mit ausreichend Barvermögen ausgestattet, müssen sie eventuell Gegenstände aus dem Erbe verkaufen, um Pflichtteilsberechtigte auszahlen zu können.

Nicht zuletzt hilft die Vermögensübersicht Ihren Erben natürlich auch, sich im Erbfall schnell einen Überblick über den Umfang des Nachlasses zu verschaffen.

Denken Sie daran, Ihre Vermögensübersicht wenigstens alle fünf Jahre auf den neuesten Stand zu bringen.

3 Notieren Sie, wer tatsächlich erben und wer nur bestimmte Sachen oder Geldbeträge bekommen soll.

Schreiben Sie nun auf, wem Sie in Ihrem Testament etwas zukommen lassen wollen. „Lassen Sie sich dabei nicht von möglichen Erwartungshaltungen Ihrer Angehörigen treiben", rät Joachim Mohr, Fachanwalt für Erbrecht aus Gießen.

Überlegen Sie, wer Erbe sein soll und damit Ihr juristischer Nachfolger, und wen Sie nur mit bestimmten Gegenständen bedenken möchten. Dafür kommt ein Vermächtnis infrage. Bedenken Sie aber, dass Sie immer mindestens einen Erben benötigen (siehe Seite 25).

Grundsätzlich können Sie jede natürliche Person zum Erben erklären – oder auch mehrere. Ebenso lassen sich Unternehmen, Vereine oder Religionsgemeinschaften als Erben einsetzen. Dagegen können Tiere keine Erben sein. „Wenn Sie für Ihre Haustiere etwas tun wollen, können Sie das auf anderem Wege sicherstellen", sagt Joachim Mohr. „Sie könnten zum Beispiel eine Tochter mit der Auflage zur Erbin einsetzen, dass sie sich nach Ihrem Tod um das Tier kümmert", erklärt der Erbrechtsexperte.

Machen Sie sich auch Gedanken über mögliche Ersatzerben. Das ist wichtig, falls Personen, die laut Testament an erster Stelle erben würden, vor Ihnen versterben.

4 Fühlen Sie bei Ihren Kindern vor, wer von ihnen welche Teile des Nachlasses gebrauchen könnte.

Manche Eltern wollen, dass nach ihrem Tod ein Kind zum Beispiel das Elternhaus übernimmt. In diesem Fall sollten Sie bereits vor dem Abfassen des Testaments subtil in Erfahrung bringen, wer sich ein Leben dort überhaupt vorstellen kann.

Vielleicht hat der Sohn früher einmal Interesse an der Immobilie gezeigt, will sie inzwischen aber gar nicht mehr – sondern lieber Geld erben. Und eventuell kann sich die Tochter mittlerweile doch vorstellen, im Elternhaus zu leben.

Von einem konkreten Vorgespräch über den Inhalt des eigenen Testaments rät Fachanwalt Joachim Mohr dagegen dringend ab. Wer seinen letzten Willen potenziellen Erben bereits zu Lebzeiten offenbare, müsse mit Druck und Enttäuschung vonseiten derjenigen rechnen, die mehr erwartet hatten. „In dieser Familienstimmung muss der Verfasser des Testaments dann seine letzten Jahre verbringen", so der Anwalt. Diesem Risiko solle sich niemand freiwillig aussetzen. Deshalb ist es auch ratsam, Ihr fertiges Testament niemandem zu zeigen – sondern es an einem sicheren Ort zu verwahren.

5 Prüfen Sie die gesetzliche Erbfolge. Passt sie zu Ihren Wünschen, geht es auch ohne Testament.

Wie das Gesetz Ihr Vermögen verteilen würde, wenn Sie kein Testament machen, lesen Sie ab Seite 44. Zeichnen Sie einen Familienstammbaum, das hilft beim Verständnis. Sind Sie mit der gesetzlichen Erbfolge einverstanden, brauchen Sie kein Testament.

Die schlechte Nachricht: Die gesetzliche Erbfolge passt nur selten. Außerdem sagt das Gesetz nichts darüber, welcher Erbe welchen Nachlassgegenstand erhält. Erben mehrere, bilden sie automatisch eine Zwangsgemeinschaft, deren Mitglieder sich bei der Verteilung des Erbes einigen müssen („Erbengemeinschaft", Seite 62). Dabei kommt es oft zu Streitigkeiten. Gelingt keine Einigung, muss beispielsweise die gemeinsam geerbte Immobilie versteigert werden.

In Ihrem Testament können Sie sowohl das Einsetzen der Erben als auch das Verteilen Ihres Vermögens in die eigenen Hände nehmen – und so das Streitpotenzial erheblich verringern. Wir raten Ihnen, sich dabei von einem Fachanwalt für Erbrecht oder einem Notar helfen zu lassen. Nur in einfachen und klaren Fällen, wenn Sie etwa nur ein Kind und wenig Vermögen besitzen, ist das nicht nötig. Keine Wahl haben nicht verheiratete Partner, die sich über einen Erbvertrag gegenseitig absichern möchten: Sie müssen einen Notar konsultieren.

6 Suchen Sie sich einen Fachanwalt für Erbrecht oder einen Notar und lassen Sie sich von diesem beraten.

In den Schritten 1 bis 5 haben Sie Ihre Ziele definiert und Ihre Gedanken geordnet. Im nächsten Schritt benötigen Sie einen Experten, der Ihre Wünsche in einen juristischen Text übersetzt – in ein Testament oder einen Erbvertrag.

Natürlich ist es denkbar, dass Sie Ihr Testament auch ohne fremde Hilfe in eigenen Worten abfassen. In Sachen Erbrecht kursieren aber viele Halb- und Unwahrheiten („Irrtümer", Seite 14). „Von Laien formulierte Testamente sind praktisch ausnahmslos fehlerhaft", konstatiert Anwalt Joachim Mohr.

Mitunter halten Laien auch die Formalien eines Testaments nicht ein. Dann ist das Testament eventuell unwirksam. An seine Stelle rückt die gesetzliche Erbfolge, die der Verfasser ja eigentlich aushebeln wollte.

Wie Sie einen Fachanwalt für Erbrecht oder einen Notar in Ihrer Nähe finden, lesen Sie auf Seite 39. Wichtig: Nehmen Sie zum Beratungstermin sämtliche Unterlagen mit, die Sie in den Schritten 1 bis 5 erstellt haben – auch den selbst gezeichneten Familienstammbaum. Schriftstücke wie diese erleichtern Experten die Arbeit. Existiert ein Ehevertrag oder gibt es früher verfasste Testamente, die Sie verändern wollen, gehören auch diese Dokumente mit in die Beratung.

7 Schreiben Sie den Entwurf des Anwalts ab oder unterschreiben Sie das notarielle Testament.

Ein Anwalt erarbeitet auf Grundlage Ihrer Vorstellungen und Wünsche einen Entwurf. Damit aus dem Entwurf ein gültiges Testament wird, müssen Sie ihn eigenhändig auf Papier ab- und am Schluss unterschreiben.

Beim notariellen Testament liegen die Dinge etwas anders: Der Notar erstellt am Computer einen Text, den Sie lediglich unterschreiben müssen. Am Schluss beurkundet der Notar das Schriftstück.

Beide Varianten eines Testaments sind grundsätzlich gleichwertig. Lassen Sie jedoch einen Notar das Testament verfassen, können sich Ihre Erben über einen Kostenvorteil freuen: Mit einem notariellen Testament kommen diese etwa an Ihre Bankguthaben heran, ohne zuvor beim Amtsgericht einen Erbschein beantragen zu müssen. Auch für das Umschreiben eines Grundstücks auf den oder die Erben ist in diesem Fall kein Erbschein erforderlich.

8 Sorgen Sie dafür, dass Ihr Testament nach Ihrem Tod auf jeden Fall gefunden wird.

Das beste Testament nützt nichts, wenn es die Erben später nicht finden. Daher sollten Sie Ihr Testament nicht verstecken.

Damit das Dokument gefunden wird, können Sie es beim Gericht in amtliche Verwahrung geben. So ist es auch vor Fälschungen und Verlust sicher. Ihr Testament wird in diesem Fall auch beim Zentralen Testamentsregister der Bundesnotarkammer in Berlin registriert. Nach Ihrem Tod informiert das Register das Amtsgericht und dieses wiederum die Erben.

Haben Sie sich ein Testament vom Notar erstellen lassen, sorgt dieser für die Verwahrung beim Amtsgericht sowie die Registrierung beim Testamentsregister. In beiden Fällen kostet die Verwahrung pauschal 75 Euro. Hinzu kommen 15 Euro für die Registrierung im Testamentsregister.

Haben Sie das Testament selbst zur amtlichen Verwahrung ins Amtsgericht gebracht, kostet die Registrierung 18 Euro.

Wollen Sie Ihr eigenhändig verfasstes Testament nicht in Verwahrung geben, steht es Ihnen frei, es in Ihrer Wohnung aufzubewahren und einer Vertrauensperson den Ablageort mitzuteilen.

„Denkbar ist auch, dass Sie das Testament in einen Briefumschlag stecken und demjenigen zur Aufbewahrung übergeben, den Sie am meisten bedacht haben", rät Rechtsanwalt Joachim Mohr. „Diese Person hat schließlich ein Interesse daran, dass das Testament nach Ihrem Tod Wirkung entfaltet."

9 Denken Sie auch an weitere Regelungen.

Ihren Nachlass haben Sie jetzt testamentarisch geregelt. Darüber hinaus raten wir Ihnen, sich um Folgendes zu kümmern:

→ **Bankvollmacht:** Damit Angehörige nach Ihrem Tod sofort an Ihr Bankkonto herankommen, etwa um Krankenhausrechnungen oder Ihre Bestattung zu bezahlen, sollten Sie sie zu Lebzeiten bevollmächtigen. Am sichersten funktioniert das, wenn Sie die hauseigenen Formulare Ihrer Bank oder Sparkasse nutzen. Wichtig: Eine Bankvollmacht setzt vollstes Vertrauen voraus. Immerhin dürfen die Bevollmächtigten über Ihr Konto verfügen. Etwas Sicherheit gegen Missbrauch bringt es, wenn Sie „In-sich-Geschäfte" ausschließen. Dann dürfen sie keine Zahlungen an sich selbst anweisen. Das hat aber zur Folge, dass sie kein Bargeld erhalten.

→ **Digitaler Nachlass:** Möchten Sie, dass Ihre Angehörigen Zugang zu Ihren E-Mails und Konten in sozialen Netzwerken bekommen, sollten Sie die Zugangsdaten aufschreiben und auffindbar hinterlegen. Alternativ können Sie auch in Ihrem Testament festlegen, was mit Ihren Daten geschehen soll (siehe„Digitaler Nachlass", Seite 96). Vordrucke, die Ihnen helfen, Ihre Nutzerkonten im Internet aufzulisten, finden Sie im Formularteil dieses Heftes.

→ **Bestattungsverfügung:** Haben Sie konkrete Vorstellungen, wie Ihre Bestattung ablaufen soll, können Sie diese auch schriftlich niederlegen (siehe „Bestattungsvorsorge", Seite 99). Vordrucke, die Ihnen dabei helfen, finden Sie ebenfalls im Formularteil.

Tipp: Am besten regeln Sie nicht nur Ihren Nachlass, sondern sorgen auch für den Fall vor, dass Sie einmal nicht mehr selbst Entscheidungen für sich treffen können. Nur wenn Sie eine Vorsorgevollmacht erteilen, kann dann Ihr Ehepartner oder eine andere nahestehende Person in Ihrem Sinne handeln. Worauf es dabei ankommt, erfahren Sie in unserem Ratgeber „Das Vorsorge-Set". Dort finden Sie Formulare für die Vollmacht mit Schritt-für-Schritt-Anleitungen. Sie erhalten das Buch im Buchhandel oder unter www.test.de/shop.

CHECKLISTE

Wo ist was zu finden?

Erleichtern Sie Ihren Erben die Übersicht, indem Sie eine Aufstellung anfertigen, wo sich zum Beispiel folgende wichtige Unterlagen befinden:

- → Testament oder Erbvertrag
- → Bankunterlagen, Bankvollmacht
- → Banksafe/Schlüssel
- → Sonstige Vollmachten
- → (zum Beispiel Vorsorgevollmacht)
- → Patientenverfügung
- → Bestattungsverfügung
- → Sorgerechtsverfügung
- → Versicherungsunterlagen
- → Mietvertrag
- → Mitgliedschaften in Vereinen
- → Sonstiges (z. B. Fahrzeugbrief)

10 Überprüfen Sie in regelmäßigen Abständen, ob Ihr Testament noch Ihren Wünschen entspricht.

Viele Testamente sind beim Tod des Verfassers bereits überholt. Personen, die als Erben eingesetzt wurden, sind bereits verstorben. Aktien, die einem Kind vermacht wurden, sind längst verkauft. Oder: Die Tochter, die das Elternhaus bekommen sollte, ist ausgewandert. Deshalb sollten Sie Ihr Testament alle paar Jahre überprüfen.

Auch wichtige Veränderungen in Ihrem Umfeld, wie beispielsweise eine Scheidung oder die Geburt eines Enkels, können ein Anlass sein, das Testament zu aktualisieren. Passt es nicht mehr zu Ihren Zielen, ist es erneut Zeit für einen Besuch beim Anwalt oder Notar. Mitunter lässt sich das alte Testament ergänzen – bei umfassenden Änderung muss allerdings manchmal ein neues geschrieben werden.

Ausfüllhilfe Vermögensübersicht

Die Vermögensübersicht hilft Ihnen, sich einen Überblick über Ihren Nachlass zu verschaffen. Ihren Erben erleichtert sie das Sichten der Unterlagen. Einige Punkte im Formular zur Vermögensübersicht sind selbsterklärend. Die übrigen finden Sie hier erläutert.

Trennen Sie das Formular für die Vermögensübersicht heraus, legen Sie es neben diese Anleitung und füllen Sie Schritt für Schritt die Ihnen wichtigen Punkte aus.

1 Haben

1. 1 Bank- und Sparguthaben

Girokonten: Tragen Sie hier Ihr gesamtes Guthaben sowie Ihre Kontodaten ein. Ein Konto, mit dem Sie sich im Minus befinden, tragen Sie unter Punkt 2. 3 „In Anspruch genommener Dispokredit/überzogenes Konto" ein. Sind es mehrere, nutzen Sie bitte ein Extrablatt.
Der Habenwert bei Konten kann sich sehr schnell ändern. Tragen Sie deshalb rechts bei Habenwert zum Beispiel den Betrag ein, der am Ende des Monats regelmäßig übrigbleibt.
Sparverträge: Wenn Sie einen festen Sparbetrag haben, den Sie zum Beispiel monatlich auf ein Konto einzahlen, können Sie diesen bei dem jeweiligen Konto unter dem Stichwort Bemerkungen angeben. Auch wenn Ihre Vermögensübersicht nicht mehr aktuell ist, kann ein potenzieller Erbe den Habenwert dieses Kontos schnell überschlagen.

1. 3 Wertpapiere / Wertpapierdepots

Tragen Sie hier die Angaben zu Ihren Wertpapieren und Wertpapierdepots ein. Dazu gehören zum Beispiel Aktien, Anleihen und Zertifikate sowie Ihre Anteile an Investmentfonds, wie Aktien-, Renten- oder offenen Immobilienfonds.

Der Habenwert bei Wertpapieren kann sich sehr schnell ändern. Der Wert, den Sie hier eintragen, kann nur eine Momentaufnahme darstellen, aber mit Ihren Eintragungen geben Sie auch gleichzeitig wichtige Informationen zur Existenz der Papiere. Tritt der Erbfall ein, werden Wertpapiere mit dem Kurswert am Todestag des Erblassers angesetzt. Ein mittlerer Tageskurs wird gebildet, falls es am Todestag starke Kursschwankungen gab.

1. 4 Beteiligung an Kapital- oder Personengesellschaften

Anteile an einer Gesellschaft wie einer GmbH oder GbR sind, soweit der Gesellschaftsvertrag nichts anderes vorschreibt, mit ihrem vollen tatsächlichen Wert zu berücksichtigen. Das ist der Wert, den ein Außenstehender normalerweise als Kaufpreis zahlen würde. Dieser Wert ist nicht ohne weiteres feststellbar und wird von Sachverständigen ermittelt. Sie können den Wert also nur grob schätzen.

1. 5 Beteiligung an geschlossenen Fonds

Im Gegensatz zu Investmentfonds (siehe 1. 3) sind geschlossene Fonds langjährige Beteiligungen an Unternehmen, die sich schwer vorzeitig verkaufen lassen. Es gibt zum Beispiel geschlossene Immobilien-, Schiffs-, oder Windfonds.

1.6 Lebensversicherungen

Eine Kapitallebensversicherung ist ein Vertrag mit einer festen Laufzeit, an deren Ende der Versicherer einen bestimmten Geldbetrag an den im Vertrag benannten Berechtigten auszahlt.
Bei einer Risikolebensversicherung wird die Versicherungssumme nur fällig, wenn der Versicherte während der Vertragsdauer stirbt. Ist er am Ende der Vertragsdauer noch am Leben, erbringt der Versicherer keine Leistung.
Lebensversicherungen sind dem Nachlass nur dann zuzurechnen, wenn der oder die Verstorbene selbst bezugsberechtigt war. Sie gehören dagegen nicht zum Nachlass, wenn – wie bei der Risikolebensversicherung – ein Dritter bezugsberechtigt ist.
Tragen Sie bei Habenwert jeweils die Versicherungssumme ein, auch wenn Sie nicht Bezugsberechtigter sind. Die Angaben sind wichtig für Ihre zukünftigen Erben und können für Sie selbst hilfreich sein, wenn Sie Ihr Vermögen gerecht aufteilen wollen: Der durch die Lebensversicherung Begünstigte soll vielleicht weniger vom Nachlass erhalten.

1.7 Private Altersvorsorge

Die Rentenzahlung aus Altersvorsorgeverträgen ist in erster Linie zur finanziellen Absicherung des Versicherten im Alter gedacht. Trotzdem gibt es bei einigen Vertragsvarianten die Möglichkeit, das angesparte Vermögen zu vererben. Bei der Riester-Rente hängt die Vererbbarkeit vom jeweiligen Vertrag ab (siehe „Riester-Rente", Seite 90). Die Rürup-Rente kann nicht vererbt werden, es sei denn, es wurde ein Hinterbliebenenschutz vereinbart.

1.8 Betriebliche Altersvorsorge

Tragen Sie bei Habenwert entweder das bisher erreichte Sparkapital oder die Rentenhöhe ein oder lassen Sie das Feld jeweils frei. Denken Sie daran, auch die Ansprüche aus betrieblicher Altersvorsorge ehemaliger Arbeitgeber aufzulisten.

1.9 Bausparverträge

Tragen Sie bei Habenwert die erreichte Sparsumme ein.

1.10 Kraftfahrzeuge

Tragen Sie nicht den Preis ein, zu dem Sie Ihr Fahrzeug gekauft haben. Fahrzeuge verlieren schnell an Wert. Den momentanen ungefähren Wert Ihres Autos können Sie auf verschiedenen Portalen im Internet berechnen lassen. Dazu benötigen Sie einige Fahrzeugdaten wie zum Beispiel die Marke, das Modell, das Datum der Erstzulassung sowie die Kilometerleistung.

1.15 Ansprüche aus offenen Rechtsstreitigkeiten

Geben Sie bei Habenwert die Summe ein, mit der Sie rechnen, wenn der Streit zu Ihren Gunsten entschieden wird.

1.16 Selbst genutztes Einfami lienhaus, Eigentumswohnung

Die Bewertung einer Immobilie hängt von der Art des Grundstücks ab. Der Wert unbebauter Grundstücke richtet sich nach ihrer Fläche und den sogenannten Bodenrichtwerten, die durch Gutachten in regelmäßigen zeitlichen Abständen ermittelt werden.

Bebaute Grundstücke werden in verschiedene Arten unterschieden, die in unterschiedlichen Verfahren bewertet werden.
Für Wohnungs- und Teileigentum sowie Ein- und Zweifamilienhäuser gilt das Vergleichsverfahren. Es ermittelt Preise von vergleichbaren Grundstücken und errechnet auf deren Basis einen Wert für das fragliche Grundstück. Liegt ein Vergleichswert nicht vor, wird das Grundstück nach dem Sachwertverfahren bewertet. Dabei wird sowohl der Bodenwert ermittelt als auch der Gebäudesachwert.
Wenn Sie den Wert Ihres Hauses/Ihrer Wohnung ermitteln wollen, suchen Sie im Internet nach vergleichbaren Immobilien und tragen diesen „Richtwert" rechts bei Habenwert ein.

1. 17 Vermietete Immobilien

Für die Berechnung des Wertes siehe Punkt 1. 16. Wenn Sie den Wert Ihres Hauses/Ihrer Wohnung ermitteln wollen, suchen Sie im Internet nach vergleichbaren Immobilien und tragen den Wert rechts bei Habenwert ein.
Die Mieteinnahmen, die Sie monatlich erzielen, können Sie unter Sonstiges aufführen. Dasselbe gilt für die Namen der Mieter.

1. 18 Ferienhaus/-wohnung

Für die Berechnung des Wertes siehe Punkt 1. 16. Wenn Sie den Wert Ihres Hauses/Ihrer Wohnung ermitteln wollen, suchen Sie im Internet nach vergleichbaren Immobilien und tragen den Wert rechts bei Habenwert ein.

2. Soll

Tragen Sie hier all Ihre Schulden ein.

2. 1 (Bauspar-)Darlehen, Hypotheken und Grundschulden

Durch einen Darlehensvertrag wird der Darlehensgeber verpflichtet, dem Darlehensnehmer einen Geldbetrag in einer vereinbarten Höhe zur Verfügung zu stellen.
Die Hypothek ist ein Grundpfandrecht. Wer eine Hypothek aufnimmt, tritt dem Hypothekengeber Rechte an einer Immobilie ab, um im Gegenzug ein Darlehen zu erhalten. Anders ausgedrückt: Eine Hypothek ist ein Kredit, den man bekommt, weil man dem Geldgeber eine Immobilie (zum Beispiel ein Haus oder eine Wohnung) als Pfand bieten kann.
Die Grundschuld ist das Recht, aus einem Grundstück oder einem grundstücksgleichen Recht (beispielsweise einem Wohnungseigentum oder einem Erbbaurecht) die Zahlung eines bestimmten Geldbetrages zu fordern. Die Grundschuld wird regelmäßig als Kreditsicherheit verwendet.

2. 2 Ratenkredite

Ein Ratenkredit ist ein Kredit, der in zeitlich genau festgelegten und gleichbleibend hohen Teilzahlungen zurückgezahlt werden muss. Tragen Sie bei Sollwert die noch offene Kreditsumme ein.

2. 3 In Anspruch genommener Dispokredit/überzogenes Konto

Tragen Sie hier das Konto/die Konten ein, mit denen Sie sich regelmäßig im Minus befinden.

Ein Testament formulieren

Damit die Erben nicht in Streit geraten, sollte der Erblasser seinen letzten Willen klar und eindeutig erklären. Dabei kommt es auf die richtigen Formulierungen an.

Nach seinem Tod solle sein ganzes Vermögen „an meine Lebensgefährtin oder an unsere gemeinsame Tochter" gehen. So hatte es ein Mann in seinem Testament verfügt. Dieser Wunsch ließ natürlich Fragen offen: Wer sollte denn nun erben – die Frau oder die Tochter?

Da das Testament nicht eindeutig war, erklärte das Landgericht Landshut es aufgrund einer unzulässigen „wahlweisen Erbeinsetzung" für unwirksam. Zu einem ganz anderen Ergebnis kam die nächste Instanz, das Bayerische Oberste Landesgericht (Az. 1Z BR 229/97): Der Verstorbene habe sehr wohl eine feste Vorstellung gehabt und diese als Laie nur unglücklich ausgedrückt. Demnach sollte zunächst die Lebensgefährtin erben – die Tochter nur ersatzweise, falls etwa die Lebensgefährtin vor ihrem Partner verstorben wäre. So kam es dann auch. Dieses oft zitierte Urteil aus dem Jahr 1998 zeigt: Um Erbstreitigkeiten zu vermeiden, sollten Vererbende auf korrekte und eindeutige Formulierungen im Testament achten. Dieses kann nur dann für Klarheit sorgen, wenn es keine Fehler enthält.

Erbe verpflichtet

Die Vermögensübersicht hilft dabei, sich einen Überblick über den Nachlass zu verschaffen. Der Erblasser kann weitgehend frei entscheiden, wer dieses Vermögen erhalten soll. Mit einem Testament setzt er die gesetzliche Erbfolge (siehe Seite 44) außer Kraft. Nur eventuelle Pflichtteilsansprüche naher Verwandter muss er berücksichtigen. In seinem Testament kann der Erblasser nicht nur Personen bedenken, sondern auch Firmen, beispielsweise das eigene Familienunternehmen, oder wohltätige Organisationen und Stiftungen (siehe „Gemeinnützig vererben", Seite 72).

Wichtig ist, dass er in seinem Testament eindeutig bestimmt, wer erben soll. Erben kann einer allein oder mehrere Personen zusammen. Der Erbe oder die Erben erhalten nach dem Tod des Erblassers dessen gesamtes Vermögen. Die Erbschaft umfasst darüber hinaus alle Rechtsverhältnisse des Vererbenden. Dazu gehören Rechte, etwa das Recht auf Mieteinnahmen für ein Gebäude, aber auch Schulden und sonstige vertragliche und gesetzliche Verpflichtungen, zum Beispiel Steuernachzahlungen.

Vermachen, nicht vererben

Wer einer Person, einer Firma oder einer gemeinnützigen Einrichtung einen Teil seines Vermögens überlassen, diese allerdings nicht zum Erben machen will, der kann das über ein Vermächtnis regeln. Vermachen lassen sich etwa ein Geldbetrag, ein wertvoller Gegenstand oder eine Immobilie – aber auch Forderungen und Rechte, zum Beispiel Ansprüche aus einem Darlehensvertrag sowie andere Außenstände. Wichtig: Nicht nur Erben müssen Erbschaftsteuer zahlen, sondern auch Empfänger von Vermächtnissen.

Letztere gehören nicht zur Erbengemeinschaft und teilen auch nicht deren Pflichten. Tritt der Erbfall ein, können Vermächtnisnehmer den ihnen vermachten Betrag oder Gegenstand von den Erben einfordern. Diese wiederum sind verpflichtet, das Vermächtnis zu erfüllen. Übrigens: Auch ungeborene und noch gar nicht gezeugte Kinder können per Vermächtnis bedacht werden.

Formulierungsbeispiel
Vermächtnis
Ich vermache meiner Schwester, Franziska Schmidt, geb. Weber, meinen Schmuck. Meine Nichte, Judith Weber, soll mein Auto, einen Renault Clio, Baujahr 2017, erhalten.

Den Nachlass verteilen

Bestimmt der Erblasser mehrere Personen zu seinen Erben, bilden diese nach seinem Tod automatisch eine Erbengemeinschaft. Der Nachlass des Verstorbenen geht dann zunächst auf alle Miterben gleichermaßen über. Sie können anschließend nur gemeinsam darüber entscheiden und müssen alles untereinander verteilen. Das birgt eine Menge Konfliktpotenzial (siehe „Erbengemeinschaft", Seite 62).

Streit vorbeugen kann der Vererbende, indem er eine Teilungsanordnung ins Testament aufnimmt. Auf diesem Weg kann er seine Erben verpflichten, ihr gemeinschaftliches Eigentum nach dem Willen des Verstorbenen auseinanderzusetzen.

Formulierungsbeispiel
Teilungsanordnung
Meine Tochter, Eva Giese, erhält in Anrechnung auf ihren Erbteil mein Grundstück in München-Schwabing. Mein Sohn, Michael Brill, erhält in Anrechnung auf seinen Erbteil meinen PKW, einen VW Golf VI, amtliches Kennzeichen M-AB 123. Meine Tochter, Nina Brill, erhält in Anrechnung auf ihren Erbteil das Wertpapierdepot Nr. 12345678910 bei der Gutgeld-Bank.

Erben besonders begünstigen

Mit einem Vorausvermächtnis kann der Vererbende einem Erben über dessen Anteil am Nachlass hinaus ebenfalls ein Vermächtnis zukommen lassen. Das ist jedoch nur sinnvoll, wenn nach seinem Tod eine Erbengemeinschaft entsteht.

In diesem Fall ist der Begünstigte sowohl Erbe als auch Vermächtnisnehmer. Er erhält zusätzlich zu seinem Anteil am Erbe einen bestimmten Gegenstand aus dem Nachlass und hat damit eine Sonderposition inne. „Der große Vorteil des Vorausvermächtnisses ist, dass es keine Bewertungsstreitigkeiten geben kann, weil anders als bei der Teilungsanordnung keine Anrechnung auf den Erbteil stattfindet", erklärt Anton Steiner, Fachanwalt für Erbrecht in München.

Formulierungsbeispiel
Vorausvermächtnis
Als Vorausvermächtnis und ohne Anrechnung auf ihre Erbteile vermache ich meinem Sohn Frank meine Aktien, meiner Tochter Stefanie meine Eigentumswohnung und meinem Sohn Konrad mein Auto, einen Ford Focus, amtliches Kennzeichen M-XY 789.

Wünsche hinterlassen

Möchte der Vererbende, dass die Erben ihm nach seinem Tod bestimmte Wünsche erfüllen, hat er die Möglichkeit, diese in Form von Auflagen in sein Testament aufzunehmen. Das kann etwa die Aufgabe sein, ein geliebtes Haustier in Obhut zu nehmen oder sich um eine Grabstätte zu kümmern. Wer ihm zugedachte Auflagen nicht erfüllen will, dem bleibt nichts anderes übrig, als das Erbe auszuschlagen. Ein eventueller Pflichtteil geht dadurch nicht verloren.

Auflagen sind in vielen Konstellationen denkbar – und stets verbindlich. Lediglich an unmöglich zu erfüllende, sittenwidrige oder verbotene Anordnungen müssen sich Erben und Vermächtnisnehmer nicht gebunden fühlen.

Formulierungsbeispiel
Auflage
Mein Sohn, Felix Dierkes, ist verpflichtet, für meine standesgemäße Beerdigung zu sorgen und hierzu meine Verwandten und Freunde zu laden. Meine Grabstätte soll für die Dauer der ortsüblichen Ruhezeit gepflegt werden.

Verlängerter Arm des Vererbenden

Möchte der Vererbende absolut sichergehen, dass seine Erben mit dem Nachlass so umgehen, wie er es sich gewünscht hat, kann er einen Vertrauten als Testamentsvollstrecker benennen. Das kann jede beliebige Person sein. Der Testamentsvollstrecker überwacht nach dem Tod des Vererbenden etwa, ob dessen Auflagen erfüllt werden.

Dabei handelt es sich um ein anspruchsvolles Amt, für das rechtliche und wirtschaftliche Kompetenzen vonnöten sind. Der Erblasser sollte deshalb vorab klären, ob sein „Kandidat" das Amt übernehmen will. Falls ja, erhält er eine Vergütung aus dem Nachlass (siehe „Testamentsvollstrecker", Seite 35).

Formulierungsbeispiel
Testamentsvollstrecker
Ich ordne für meinen Nachlass die Testamentsvollstreckung an. Testamentsvollstreckerin soll Frau Britta Hanke sein.

INFO

Wer ein Testament verfassen darf

Testierfähigkeit. Jeder, der im Vollbesitz seiner geistigen Kräfte ist, kann ein Testament errichten. Dazu muss der Vererbende volljährig und voll geschäftsfähig sein. Minderjährige, die mindestens 16 Jahre alt sind, können ebenfalls ihr Testament machen – allerdings nur bei einem Notar.

Beeinträchtigung. Menschen, die wegen einer psychischen Erkrankung oder Bewusstseinsschwäche nicht selbst in der Lage sind, sich einen Willen zu bilden beziehungsweise diesen zu Papier zu bringen, sind testierunfähig. Die Gründe dafür können in einer Vielzahl von Krankheitsbildern liegen, etwa Alzheimer oder anderen Formen von Demenz sowie Psychosen, Schizophrenien, Manien, Depressionen oder auch geminderter Intelligenz.

Tipp. Befürchten Sie, dass Personen Ihre Testierfähigkeit anzweifeln könnten und es deshalb zu Streit kommt, holen Sie ein ärztliches Gutachten ein. Dieses sollte ein Facharzt für Psychiatrie oder Nervenheilkunde erstellen, der mit der Problematik der Testierfähigkeit vertraut ist.

Nachlass langfristig kontrollieren

Will der Erblasser die Verwendung seines Vermögens über mehrere Generationen hinweg steuern, kann er auch das im Testament verankern – indem er beispielsweise einen Vorerben einsetzt, der den Nachlass für bestimmte Zeit nutzen darf. Danach geht das Vermögen auf den Nacherben über.

Formulierungsbeispiel
Vor- und Nacherbschaft
Mein alleiniger Vorerbe ist mein Ehemann Gerd Schumann. Nacherben sind unsere beiden Kinder, Katharina und Till Schumann. Der Nacherbefall tritt mit der Wiederverheiratung oder mit dem Tod des Vorerben ein.

Der Vorerbe darf nicht uneingeschränkt über die Hinterlassenschaften verfügen. Er darf etwa das geerbte Grundstück nicht verkaufen oder verschenken, ohne dass der Nacherbe zugestimmt hat. Wer vorhat, eine Vor- und Nacherbschaft anzuordnen, sollte Folgendes bedenken: Steuerlich gesehen handelt es sich dabei um zwei Erbfälle. Damit würde sowohl beim Tod des ursprünglichen Erblassers als auch beim Tod seines Vorerben Erbschaftsteuer anfallen.

Frühere Erklärungen aushebeln

Ein Testament, ob eigenhändig geschrieben oder vom Notar verfasst, kann jederzeit geändert und sogar widerrufen werden. Ändern sich die Lebensumstände, kann der Vererbende flexibel reagieren. Deswegen empfiehlt es sich, ein einmal verfasstes Testament regelmäßig zu überprüfen.

Wer sein Testament ändern oder aufheben will, hat mehrere Möglichkeiten. Handelt es sich um ein eigenhändig geschriebenes Testament, sind Änderungen – ebenso wie der ursprüngliche Text – handschriftlich auszuführen. Will der Vererbende nachträglich etwas hinzufügen, sollte er die Ergänzung mit Datum, Ort sowie Vor- und Zunamen unterschreiben. Ansonsten besteht das Risiko, dass die nachträgliche Erklärung ungültig ist.

Ein drastischerer Weg ist das Widerrufstestament. In diesem wird das frühere Testament ausdrücklich aufgehoben, und es werden neue Regelungen für den Nachlass bestimmt. Doch nichts währt ewig: Auch ein Widerrufstestament lässt sich widerrufen.

Formulierungsbeispiel
Widerruf
Alle früher errichteten Verfügungen von Todes wegen widerrufe ich hiermit. Es soll allein das heutige Testament gelten.

Der sicherste Weg besteht darin, das alte Testament einfach zu vernichten. Streicht der Erblasser nur einzelne Passagen oder vermerkt er Korrekturen am Rand, drohen nach dem Tod Beweisschwierigkeiten, wenn etwa jemand anzweifelt, dass der Verstorbene selbst das Testament verändert hat.

Wird ein neues Testament aufgesetzt und widerspricht dieses nur in einzelnen Passagen inhaltlich einem älteren, ist das ältere nur in Bezug auf diese Verfügungen ungültig. Umso wichtiger ist es, beide Testamente zu datieren, sodass Erben wissen, welches das aktuellere Schriftstück ist.

Aufpassen: Nimmt der Erblasser ein notarielles Testament aus der gerichtlichen Verwahrung, verliert es automatisch seine Gültigkeit, und das für immer. Er muss es dann komplett neu verfassen.

Ein eigenhändig verfasstes Testament, das beim Amtsgericht hinterlegt wurde, lässt sich hingegen jederzeit zurückholen und abändern, ohne dass es dadurch seine Gültigkeit verliert.

Tipp: Anders als viele denken, müssen Sie nicht unbedingt erneut zum Notar, um ein notarielles Testament zu ändern. Sie können sich dabei natürlich wieder vom Notar helfen lassen. Dann fallen auch noch einmal Gebühren an. Oder Sie formulieren Ihren neuen letzten Willen selbst und erklären darin: „Mein notarielles Testament vom 2. Januar 2016 widerrufe ich hiermit.“ Dann gilt

Alte Version widerrufen
Ein bereits existierendes Testament kann der Erblasser jederzeit ändern oder sogar widerrufen. Damit wird das alte Testament ungültig.

Eigenhändig schreiben
Der Verfasser muss das Testament vom ersten bis zum letzten Wort eigenhändig, handschriftlich und leserlich schreiben.

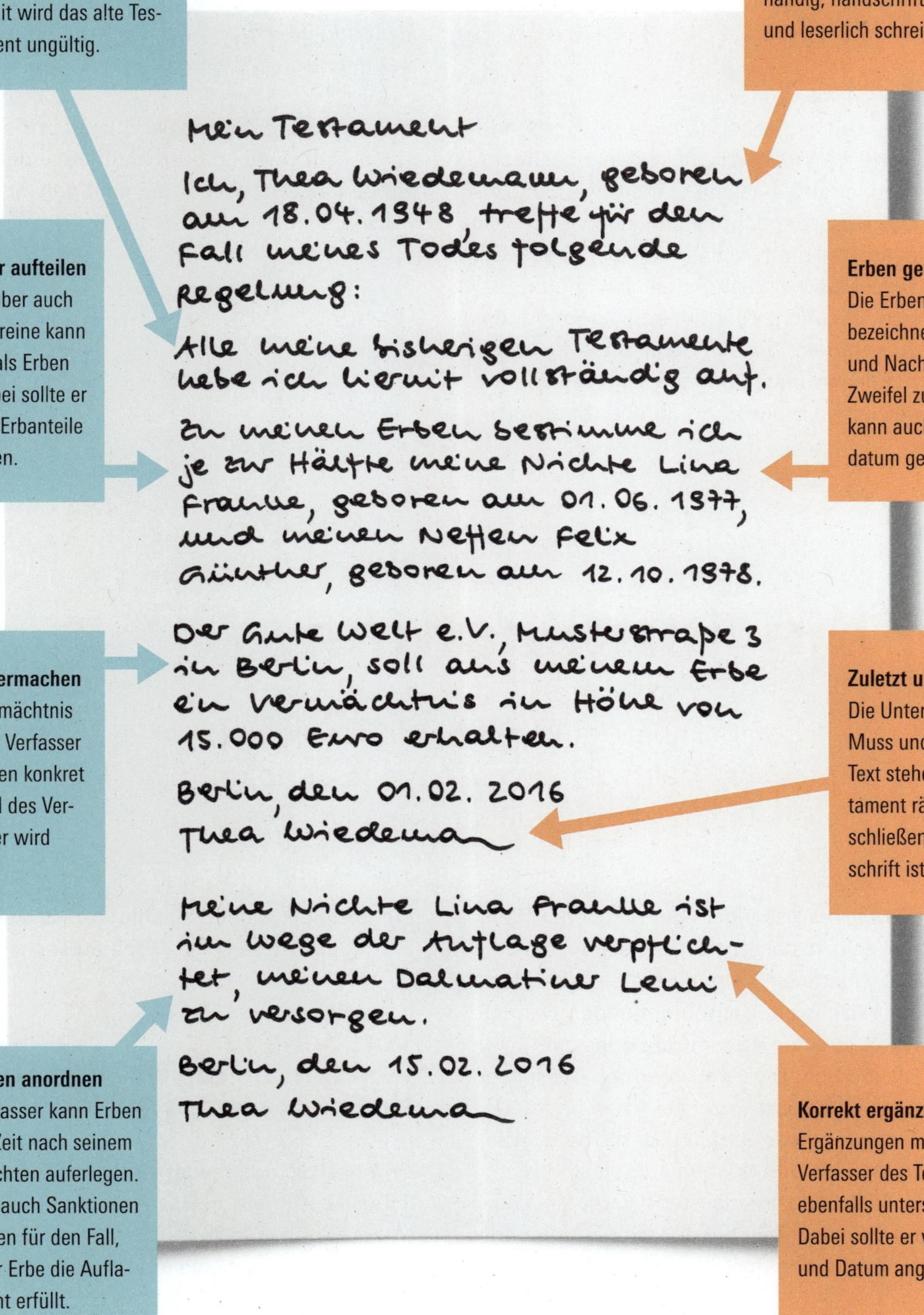

Mein Testament

Ich, Thea Wiedemann, geboren am 18.04.1948, treffe für den Fall meines Todes folgende Regelung:

Alle meine bisherigen Testamente hebe ich hiermit vollständig auf.

Zu meinen Erben bestimme ich je zur Hälfte meine Nichte Lina Franke, geboren am 01.06.1977, und meinen Neffen Felix Günther, geboren am 12.10.1978.

Der Gute Welt e.V., Musterstraße 3 in Berlin, soll aus meinem Erbe ein Vermächtnis in Höhe von 15.000 Euro erhalten.

Berlin, den 01.02.2016
Thea Wiedemann

Meine Nichte Lina Franke ist im Wege der Auflage verpflichtet, meinen Dalmatiner Lenni zu versorgen.

Berlin, den 15.02.2016
Thea Wiedemann

Vermögen klar aufteilen
Jede Person, aber auch Firmen und Vereine kann der Verfasser als Erben einsetzen. Dabei sollte er die jeweiligen Erbanteile genau festlegen.

Erben genau benennen
Die Erben sollten genau bezeichnet sein: mit Vor- und Nachname. Um Zweifel zu vermeiden, kann auch das Geburtsdatum genannt werden.

Einzelwerte vermachen
Mit einem Vermächtnis hinterlässt der Verfasser jemandem einen konkret benannten Teil des Vermögens. Dieser wird nicht Erbe.

Zuletzt unterschreiben
Die Unterschrift ist ein Muss und soll unter dem Text stehen, um das Testament räumlich abzuschließen. Ohne Unterschrift ist es unwirksam.

Aufgaben anordnen
Der Verfasser kann Erben für die Zeit nach seinem Tod Pflichten auferlegen. Er kann auch Sanktionen festsetzen für den Fall, dass der Erbe die Auflagen nicht erfüllt.

Korrekt ergänzen
Ergänzungen muss der Verfasser des Testaments ebenfalls unterschreiben. Dabei sollte er wieder Ort und Datum angeben.

das handschriftlich verfasste Testament, weil es das aktuellere ist.

Angehörige leer ausgehen lassen

Gesetzliche Erben, denen der Vererbende nichts hinterlassen will, muss er per Testament enterben (siehe „Enterben", Seite 70). Das Gesetz spricht ihnen jedoch einen Mindestanteil am Nachlass zu – den Pflichtteil. Dieser lässt sich im Regelfall nicht umgehen. Ein Weg, einen nahen Angehörigen zu enterben, besteht darin, dass der Vererbende ein Testament anfertigt und den gesetzlichen Erben darin für enterbt erklärt.

Formulierungsbeispiel

Enterben

Meinen Bruder, Martin Neumann, schließe ich als gesetzlichen Erben aus. Der Ausschluss von der Erbfolge erstreckt sich auch auf seine Abkömmlinge.

Variante zwei: Der Erblasser setzt im Testament einfach einen oder mehrere andere Erben ein. Damit sind alle nicht genannten Personen automatisch enterbt.

Auf die Form achten

Der kleinste formale Fehler kann das ganze Testament unwirksam machen. Dann gilt die gesetzliche Erbfolge. Hier zehn Punkte, die Sie beachten sollten.

Er hatte es besonders gut machen wollen: Um sein Testament besser lesbar zu machen, hatte ein Vater einen Teil seines letzten Willens am Computer getippt. Darin erklärte er einen seiner drei Söhne zum Alleinerben. Die zwei enterbten Brüder zogen vor Gericht – und bekamen Recht: Das Testament war ungültig. Das Erbe wurde unter allen drei Söhnen aufgeteilt.

Viele selbst verfasste Testamente sind unwirksam – auch weil formale Vorschriften nicht eingehalten wurden. Wer allerdings einige Regeln beachtet, muss nicht befürchten, dass seine Mühe umsonst war.

Vorüberlegung: Wählen Sie die richtige Form für Ihren letzten Willen

Grundsätzlich darf jeder ein handschriftliches Testament verfassen, ohne einen Notar einschalten zu müssen. Nicht verheiratete Partner, die eine aufeinander abgestimmte Regelung treffen wollen, brauchen einen Erbvertrag. Dieser kann nur beim Notar geschlossen werden.

1 Schreiben Sie das Testament handschriftlich, eigenhändig und leserlich.

Wer ein eigenhändiges Testament verfasst, muss es vom ersten bis zum letzten Wort selbst mit der Hand schreiben.

Etwas anderes gilt nur ausnahmsweise: Ist der eigentliche Text handschriftlich verfasst, die Überschrift jedoch mit Schreibmaschine, wird das Testament dadurch nicht automatisch unwirksam. Das gilt jedoch nur, wenn der handschriftliche Teil als selbstständige Verfügung in sich einen abgeschlossenen Sinn ergibt, also wenn er auch allein stehen könnte.

Testierende, die auf Nummer sicher gehen wollen, schreiben alles mit der Hand. Computer oder Schreibmaschine sind tabu.

Es ist nicht erlaubt, sich von einer anderen Person die Hand führen zu lassen. Ebenso wenig darf der Vererbende einen Dritten mit dem Schreiben beauftragen oder den Text diktieren. Er muss sein Testament eigenhändig und leserlich schreiben. Ein unleserliches Testament ist ungültig.

Der Verfasser schreibt seinen letzten Willen am besten als normalen Text auf. Von einem Testament in Briefform ist abzuraten, weil manchmal Schwierigkeiten bei der Auslegung entstehen. Wer sich dennoch für einen Brief entscheidet, muss deshalb deutlich machen, dass es sich um ein Testament handelt. Dazu kann der Verfasser den Brief zum Beispiel in einen Umschlag stecken, auf dem „Testament" steht. Auch ein verschickter Brief kann ein Testament darstellen, solange er sämtliche formalen Anforderungen erfüllt.

Welche Sprache der Verfasser für sein Testament wählt, ist egal. Es muss sich allerdings um eine „echte" Sprache handeln, die tatsächlich von jemandem gesprochen wird. Geheimsprache macht das Testament unwirksam.

Ebenfalls egal ist es, ob der Vererbende Schreibschrift oder Druckschrift schreibt. Aber: Die charakteristischen Züge der Handschrift müssen erkennbar sein.

Besteht das Testament aus mehreren Seiten, sollte der Verfasser diese nummerieren und zusammenheften.

2 Lassen Sie Ihren ernstlichen Testierwillen erkennen.

Immer wieder erklären Gerichte Verfügungen von Todes wegen für unwirksam, weil nicht klar erkennbar war, dass der Verfasser wirklich ein Testament errichten wollte. Wichtig: Ein Testament ist eine Urkunde, die regelt, was nach dem Tod mit dem eigenen Vermögen geschehen soll. Dementsprechend sollte das Schriftstück aussehen, also einen offiziellen Charakter haben.

Es sollte auch deutlich werden, dass es sich nicht nur um einen Entwurf handelt.

3 Unterschreiben Sie das Testament am Ende des Textes.

Der letzte Wille muss unterschrieben sein. Die Unterschrift soll am Ende des Testaments unter dem Text stehen. Steht die Unterschrift neben dem Text, ist das Testament in der Regel unwirksam. Grund: Durch die Unterschrift soll der darüber stehende Text abgeschlossen werden. Ein Namenszug am Rand der Erklärung stellt in der Regel keine Unterschrift dar. Etwas anderes gilt nur ausnahmsweise, wenn unter dem Text kein Platz mehr war.

Die Unterschrift sollte zudem aus dem Vor- und Nachnamen des Testamentsverfassers bestehen. Erlaubt sind auch sein Künstler- oder Spitzname sowie Abkürzungen oder Vereinfachungen, wenn der Verfasser diese auch sonst verwendet.

Was ein Notar kostet

Gegenstand	Kosten[1] bei einem Nachlasswert von (in Euro) 50 000	500 000	1 000 000
Notarielles Einzeltestament	165,00	935,00	1735,00
Gemeinschaftliches Testament	330,00	1870,00	3470,00
Erbvertrag	330,00	1870,00	3470,00
Erbverzicht	330,00	1870,00	3470,00
Widerruf eines gemeinschaftlichen Testaments	82,50	467,50	867,50
Vollständige Aufhebung eines Erbvertrags	165,00	935,00	1735,00
Rücktritt vom Erbvertrag	82,50	467,50	867,50

1) Zuzüglich Auslagen wie Porto und Kopien sowie Mehrwertsteuer.

4 Nennen Sie Ort und Datum in Ihrem Testament.

Ratsam ist es, Ort und Datum auf das Testament zu schreiben – auch wenn das Gesetz das nicht zwingend erfordert. Wichtig ist das Datum vor allem, wenn mehrere Testamente existieren. Widersprechen sich die Schriftstücke, gilt das zuletzt verfasste Testament. Der beste Platz für Datum und Ort ist in der Nähe der Unterschrift.

5 Unterschreiben Sie auch Ergänzungen Ihres Testaments.

Manchmal fällt dem Verfasser ein wichtiger Punkt erst ein, nachdem er das Testament unterschrieben hat. Die gute Nachricht: Er muss es dann nicht komplett neu schreiben. Sein Testament zu ergänzen ist erlaubt. Wichtig ist es jedoch, jede Ergänzung gesondert zu unterschreiben und auch Ort und Datum des Nachtrags anzugeben. Dasselbe gilt für durchgestrichene Passagen.

6 Bezeichnen Sie im Testament erwähnte Personen namentlich.

Bedachte Personen sollte der Vererbende möglichst konkret bezeichnen, am besten mit Vor- und Nachnamen. Nicht weiter schwer ist die Zuordnung, wenn etwa ein Ehepaar im gemeinschaftlichen Testament die gemeinsamen Kinder ohne Namen erwähnt. Probleme entstehen jedoch schnell, wenn zum Beispiel ein Patchworkpaar seine Kinder bedenken möchte und nicht klarmacht, welches Kind was bekommen soll. Zu ähnlichen Schwierigkeiten bei der Auslegung eines Testaments kommt es, wenn der Verfasser beispielsweise „Mutti" als Erbin einsetzt – dabei aber nicht seine Mutter, sondern seine Ehefrau meint.

7 Formulieren Sie Ihre Wünsche ganz konkret.

Der Erblasser sollte nicht nur sämtliche Personen, sondern auch Gegenstände, über die er verfügt, bei ihren richtigen Namen nennen und keine Bezeichnungen verwenden, mit denen andere unter Umständen nichts anfangen können.

Auch Umgangssprache sollte der Testamentsverfasser vermeiden, denn auch dabei kann es zu Zweifeln bei der Auslegung kommen: Soll die Tochter zum Beispiel die „Hütte" erben, ist unter Umständen nicht klar, ob es um das noble Wohnhaus geht, um die Skihütte in den Schweizer Alpen oder – im ungünstigsten Fall – nur um die Laube im Umland.

8 Hinterlassen Sie ein Testament, vernichten Sie alte Verfügungen.

Gibt es mehrere Testamente, gilt das zuletzt verfasste. Deshalb ist es wichtig, das Testament mit dem Datum zu versehen. Übersichtlicher ist es jedoch, wenn der Verfasser überholte Testamente vernichtet. Handelt es sich um ein Einzeltestament, kann er es einfach zerreißen und entsorgen.

Bei einem gemeinschaftlichen Testament gilt: Leben beide Partner noch, können sie aufeinander bezogene Regelungen nur gemeinsam widerrufen. Möchte nur der eine Partner widerrufen, muss er das durch eine notarielle Erklärung gegenüber dem anderen Ehepartner tun.

9 Wenden Sie sich im Zweifelsfall an einen Notar oder Rechtsanwalt.

Eine Alternative zum eigenhändigen Testament ist das sogenannte notarielle beziehungsweise öffentliche Testament. Der Gang zum Notar lohnt sich vor allem bei größeren Vermögen, bei komplizierten Familienverhältnissen oder bei vielen Erben (siehe Interview, Seite 34).

Auch ein Fachanwalt für Erbrecht kann bei der Gestaltung des Testaments helfen (siehe „Einen Berater finden", Seite 39).

UNSER RAT

Notar – ja oder nein?

Ohne Notar. Ein privatschriftliches Testament aufzusetzen kostet Sie nichts. Es besteht aber die Gefahr, dass Sie einen formalen Fehler machen oder eine missverständliche Anordnung treffen. Entweder ist Ihr Testament dann unwirksam oder es bewirkt einfach nicht, was Sie sich gewünscht haben. Bei Unwirksamkeit gilt die gesetzliche Erbfolge, von der Sie ja gerade abweichen wollten.

Mit Notar. Sind Ihre Familien- und Vermögensverhältnisse unübersichtlich oder sind Sie beim Verfassen Ihres Testaments unsicher, lohnt sich der Gang zum Notar. Dieser erteilt Ihnen fachlichen Rat, verfasst das Testament nach Ihren persönlichen Wünschen und beurkundet es.

10 Verwahren Sie Ihr Testament sicher und auffindbar.

Der Verfasser sollte sein Testament sicher verwahren, jedoch nicht vor aller Welt verstecken. Im Todesfall muss es schließlich gefunden werden. Wer es zu Hause hinterlegt, sollte einer Vertrauensperson den Aufbewahrungsort mitteilen. Geeignet ist etwa ein Ordner mit wichtigen Dokumenten. Wer sichergehen möchte, dass das Testament gefunden wird und nicht in die falschen Hände gerät, sollte es bei Gericht hinterlegen. War der Erblasser beim Notar, wird es dort ohnehin verwahrt. Das Hinterlegen kostet einmalig 75 Euro.

Seit Januar 2012 werden zudem alle für den Erbfall erforderlichen Daten aus amtlich oder notariell verwahrten Urkunden im Zentralen Testamentsregister erfasst. Die Registrierung kostet den Erblasser beim notariellen Einzeltestament 15 Euro, beim eigenhändigen Einzeltestament 18 Euro.

INTERVIEW

Bei komplexen Fällen zum Notar

Eine Alternative zum privaten Testament ist das notarielle. **Peter Veit**, Notar in Heidelberg, erklärt, wann der Erblasser einen Notar aufsuchen sollte und wo Fallstricke lauern.

Wann lohnt sich der Gang zum Notar, wann ist er verzichtbar?

Peter Veit: Die Beurkundung durch den Notar ist sinnvoll, wenn es auf Beratung und rechtssichere Gestaltung ankommt. Das gilt besonders, wenn größere Werte vererbt werden sollen oder die Familienverhältnisse komplex sind. Auch Erbfälle mit Auslandsbezug gehören zum Notar, ebenso wie Fälle, in denen es um die Beteiligung an einer Gesellschaft geht. Ein Notar ist verzichtbar, wenn kaum etwas anbrennen kann, etwa weil es nur darum geht, wenige Tausend Euro zu verteilen.

Wo lauern Fallstricke, die sich mithilfe eines Notars umgehen lassen?

Peter Veit: Wenn sich Ehepartner mit einem gemeinschaftlichen Testament gegenseitig absichern wollen, passieren viele Fehler. Die Verfasser bedenken nicht, dass unglückliche Formulierungen schnell dazu führen, dass der Längstlebende nötige Änderungen nicht mehr vornehmen darf, weil nach dem ersten Sterbefall die gesetzliche Bindungswirkung eintritt. Oder sie wollen den anderen als freien Alleinerben einsetzen, machen ihn aber unabsichtlich zum Vorerben. Der Vorerbe hat nur sehr beschränkte Rechte.

Was passiert beim Notar? Wie bereite ich mich auf den Termin vor?

Peter Veit: Der Mandant sollte sich vor der Beratung fragen, was er zu verteilen hat und an wen welche Dinge gehen sollen. Es kann aber auch darum gehen, wer das Sorgerecht für die minderjährigen Kinder bekommt, sollte dem Mandanten etwas zustoßen. Der Notar erstellt auf der Grundlage des gemeinsamen Gesprächs einen Entwurf und schickt ihn dem Mandanten zu. Ist alles so in Ordnung, kann er bei einem zweiten Termin bereits unterschreiben.

Was kostet das Verfassen eines notariellen Testaments?

Peter Veit: Notare rechnen nach gesetzlich vorgeschriebenen Gebühren ab. Ein Einzeltestament kostet eine „einfache Gebühr". Wie hoch sie ist, hängt vom Vermögen ab. Ein wichtiger Tipp: Häufig ist ein notarielles Testament sogar günstiger als ein privatschriftliches. Das gilt dann, wenn der Erbe sonst einen Erbschein beantragen muss – etwa weil es eine Immobilie oder größere Ersparnisse gibt. Das Erbscheinverfahren kostet nämlich auch Geld, und zwar zwei Gebühren und nicht nur eine. Ein notarielles Testament ersetzt in der Regel den Erbschein.

Testamentsvollstrecker: Herrscher über das Erbe

Erben geraten oft in Streit. Ein Treuhänder kann das verhindern – oder die Probleme noch verschärfen. Was Vererbende wissen müssen.

Teilen bringt Frieden? Von wegen! Wer nach seinem Tod mehrere Erben hinterlässt, ruft eine konfliktgeladene Runde ins Leben: die Erbengemeinschaft.

„Eine solche Gruppe kann man sich wie einen Bus vorstellen, in dem jeder Passagier ein Gaspedal und eine Bremse hat", sagt Nina Lenz-Brendel, Fachanwältin für Erbrecht in Mannheim. Weil alle Erben Teileigentümer jedes einzelnen Nachlassgegenstands würden, könne keiner allein über das Vermögen oder Teile davon verfügen. Vielmehr müssten die Beteiligten das Erbe gemeinsam verwalten. „Schießt nur einer quer, droht der Stillstand oder eine verlustreiche Auseinandersetzung", warnt die Juristin. In der Praxis sei das eher die Regel als die Ausnahme. Von simplen Eifersüchteleien bis zu Differenzen, wie das Familienunternehmen fortzuführen sei: Gründe zum Streiten gebe es fast immer (siehe „Erbengemeinschaft", Seite 62).

Viele solcher Fehden lassen sich jedoch vermeiden. Wer seinen Hinterbliebenen einen Testamentsvollstrecker zur Seite stellt, wahrt im Idealfall nicht nur den Familienfrieden. Ein solcher Treuhänder stellt auch sicher, dass die Nachfahren die Wünsche des Verstorbenen tatsächlich umsetzen – zumindest, wenn alles nach Plan verläuft.

Anstandswauwau für Erben

„Der Testamentsvollstrecker agiert als verlängerter Arm des Erblassers", sagt Stephan Rißmann, Fachanwalt für Erbrecht in Berlin. Das Gesetz räume ihm daher im Hinblick auf den Nachlass sehr weitreichende Möglichkeiten ein. Die Erben könnten von sich aus erst einmal gar nichts tun: Sie dürften weder den Familienschmuck aufteilen noch ihr Elternhaus verkaufen oder vermieten. Stattdessen müssten sie warten, bis der Vollstrecker ihnen ihren Anteil zuweist.

Es gibt verschiedene Varianten der Testamentsvollstreckung. Wählt der Erblasser die sogenannte Abwicklungsvollstreckung, kümmert sich der Treuhänder vor allem um Aufgaben, die sonst die Erben selbst erledigen müssten. Er verteilt also zum Beispiel Vermächtnisse oder kontrolliert, dass die Erben bestimmte Auflagen erfüllen, etwa in Sachen Grabpflege. Hat der Verstorbene es so verfügt, gehört es auch zu den Pflichten des Testamentsvollstreckers, Verstöße und Versäumnisse zu sanktionieren. Im Wesentlichen hat er jedoch die Erbengemeinschaft aufzulösen und sicherzustellen, dass am Ende jeder Nachfahre das bekommt, was ihm zusteht.

Formulierungsbeispiel

Testamentsvollstrecker einsetzen

Ich ordne Testamentsvollstreckung an. Als Testamentsvollstrecker soll Notar Franz Huber meine Anordnungen ausführen und den Nachlass abwickeln.

Die zweite Variante ist die sogenannte Dauer- oder Verwaltungsvollstreckung. „Sie lässt sich für bis zu 30 Jahre anordnen, in Ausnahmefällen sogar länger, und ist zum Beispiel zu empfehlen, wenn der Vollstrecker den Nachlass für einen minderjährigen

UNSER RAT

Wie Sie Streit vermeiden

Testamentsvollstreckung. Wenn Sie befürchten, Ihre Erben könnten nach Ihrem Tod in Streit geraten, wenn Sie ein Unternehmen übertragen oder wenn es minderjährige Erben oder Erben mit Behinderungen zu bedenken gibt, sollten Sie einen Testamentsvollstrecker benennen.

Auswahl. Setzen Sie für dieses Amt nur eine Person ein, der Sie vertrauen (siehe Checkliste „Sorgfältig wählen", Seite 38). Klären Sie frühzeitig mit Ihrem Wunschkandidaten, ob er bereit ist, den Posten zu übernehmen, und benennen Sie nach Möglichkeit eine Ersatzperson.

Anweisung. Streit zwischen Erben und Testamentsvollstrecker lässt sich vermeiden: Legen Sie in Ihrem letzten Willen unmissverständlich fest, welche Rechte und Pflichten der Treuhänder haben soll, wo seine Befugnisse enden und welche Vergütung ihm für seine Dienste zusteht.

Erben oder ein behindertes Kind verwalten soll", erklärt Rechtsanwalt Rißmann.

Gleiches gilt, wenn der Verstorbene ein Unternehmen hinterlässt und sicherstellen will, dass ein unerfahrener oder minderjähriger Erbe erst dann das Zepter übernimmt, wenn er die erforderlichen Kenntnisse besitzt. Für den Fall, dass es Erben unter 18 Jahren gibt, sollte der Erblasser zudem einen Vormund benennen (siehe Kasten „Schutz für minderjährige Erben", Seite 37).

Formulierungsbeispiel
Vormund bestimmen
Für den Fall, dass eines meiner Kinder nach meinem Tod ohne gesetzlichen Vertreter ist, bestimme ich hiermit meinen Bruder Fred Müller zum Vormund.

Ein Testamentsvollstrecker sollte Zwietracht vermeiden und den Willen des Erblassers durchsetzen können. Doch eine Garantie, dass alles glatt läuft, gibt es nicht – selbst wenn das Testament umsichtig formuliert ist. Probleme verursachen kann nicht zuletzt die Machtfülle, die das Amt des Testamentsvollstreckers mit sich bringt.

Dieser trifft alle erforderlichen Entscheidungen selbstständig. Die Erben dürfen ihm weder Weisungen erteilen, noch müssen sie bestimmten Maßnahmen im Vorfeld zustimmen. Hält der Vollstrecker es für sinnvoll, kann er sogar Verbindlichkeiten für den Nachlass eingehen, zum Beispiel einen Kredit aufnehmen. „In der Praxis kommt es leider immer wieder vor, dass Testamentsvollstrecker weniger im Interesse des Erblassers und der Hinterbliebenen agieren, sondern vor allem eigene Interessen verfolgen", sagt Expertin Lenz-Brendel.

Absetzung ist sehr schwierig

Zwar muss ein Testamentsvollstrecker regelmäßig Rechenschaft über seine Arbeit ablegen und für grobe Fehler haften. Die Gefahr des Missbrauchs besteht trotzdem – auch weil die Erben ihn nur in Ausnahmefällen von seinem Posten vertreiben können: Um sicherzustellen, dass sie den lästigen Überwacher nicht vom Hof jagen und so den Willen des Verstorbenen missachten, billigt die Rechtsprechung teils sogar offensichtlich eigennützige Maßnahmen.

Selbst wenn dem Testamentsvollstrecker ein unverzeihliches Fehlverhalten nachzuweisen ist, weil er etwa im großen Stil Geld veruntreut hat, haben die Erben oft das Nachsehen. „Was einmal verloren ist, bleibt meist verloren oder lässt sich nur mit großem juristischem Aufwand zurückholen", warnt Nina Lenz-Brendel. So zum Beispiel im Fall einer Notarin, die den von ihr zu verwaltenden Nachlass versilberte und die so erlösten 300 000 Euro im Rekordtempo verprasste. „Die Erben setzten zwar alle Hebel in Bewegung, bekamen aber mangels Masse nur einen Bruchteil des Schadens ersetzt", so die Juristin. Ihre Empfehlung: „Vertrauen Sie dieses Amt nur einer absolut vertrauenswürdigen Person an."

Die Qual der Wahl

Idealerweise sollte der oder die Auserwählte auch über wirtschaftliche und juristische Kenntnisse verfügen. Steuerberater, Ökonomen und Rechtsanwälte sind daher meist keine schlechte Wahl.

Gewisse Sicherheitsvorkehrungen sind selbst dann sinnvoll, wenn der Kandidat der Wahl fachlich keine Wünsche offen lässt. Das gilt vor allem für die Dauervollstreckung. „Da das Gesetz Testamentsvollstreckern erlaubt, unbeschränkt über den Nachlass zu verfügen, sollte das Testament klare Anweisungen enthalten, wie etwa, dass Erträge aus dem Vermögen auf die Erben verteilt werden sollen", rät Anwalt Rißmann.

Über Geld spricht man

Zudem empfiehlt es sich, klare Vorgaben zur Vergütung zu machen. Hintergrund: Das Gesetz erlaubt es Testamentsvollstreckern zwar, für ihre Amtsführung ein angemessenes Entgelt zu verlangen. Was angemessen ist, hat der Gesetzgeber jedoch offen gelassen. Streitigkeiten übers Geld sind deshalb vorprogrammiert – es sei denn, der Vererbende legt in seinem letzten Willen von vornherein fest, welchen Betrag der Auserwählte erhalten soll.

INFO

Schutz für minderjährige Erben

Macht der Tod eines Elternteils oder beider Eltern ein minderjähriges Kind zum Vollwaisen, wird ihm bis zu seinem 18. Geburtstag ein Vormund zur Seite gestellt. Damit eine geeignete Person dieses Amt erhält, sollten Eltern im Testament ihren Wunschkandidaten und eine oder mehrere Ersatzpersonen benennen, falls die erste Wahl die Position nicht antreten kann. Zudem können sie verfügen, wer auf keinen Fall die Vormundschaft übernehmen soll.

Formulierungsbeispiel

Vormundschaft

Falls für meinen Sohn Fritz Müller eine Vormundschaft angeordnet wird, bestelle ich meine Schwester Lisa Müller als Vormund. Falls sie zur Übernahme der Vormundschaft nicht bereit oder in der Lage ist, bestimme ich in zweiter Linie meinen Bruder Franz Müller zum Vormund. Ferner ordne ich an, dass die Mutter meiner geschiedenen Ehegattin Gerda Müller, Frau Silke Meier, von der Vormundschaft ausgeschlossen ist.

Haben Vater und Mutter, etwa nach einer Scheidung, unterschiedliche Anordnungen getroffen, gilt die des zuletzt verstorbenen Elternteils. Das Gericht darf sich darüber nur bedingt hinwegsetzen, zum Beispiel wenn der Benannte selbst unter Betreuung steht. Zudem kann ein Kind ab seinem 14. Geburtstag einen Vormund ablehnen. Das Gericht muss dann eine andere Person benennen. Wichtig: Vormund und Testamentsvollstrecker können nebeneinander agieren. Um Interessenkonflikte zu vermeiden, ist es sogar empfehlenswert, beide Ämter auf verschiedene Personen zu verteilen.

CHECKLISTE

Sorgfältig wählen

- Der Testamentsvollstrecker muss das unbedingte Vertrauen des Erblassers genießen und jung genug sein, um seine Aufgaben über einen gewissen Zeitraum wahrnehmen zu können: Geschwister, die womöglich sogar älter sind als der Testierende, sind daher nicht unbedingt die richtige Wahl.
- Eine gewisse Autorität ist zwingend, um mit Nachdruck die Wünsche des Erblassers durchsetzen zu können – auch gegen Widerstände. Fachkompetenz in ökonomischer und rechtlicher Sicht ist ebenfalls wünschenswert.
- Einen Miterben zum Testamentsvollstrecker zu machen ist keine gute Idee. Neutrale Personen tun sich erfahrungsgemäß leichter, Familienzwist zu schlichten oder sogar zu vermeiden.

Eine Möglichkeit besteht darin, sich auf die Empfehlungen zu beziehen, die der Deutsche Notarverein in der „Neuen Rheinischen Tabelle" ausspricht. Sie orientieren sich an der Höhe des Nachlasses und dem Aufwand, der mit der Testamentsvollstreckung verbunden ist. Bei einem Nachlasswert von bis zu 250 000 Euro könnte der Treuhänder folglich eine Grundvergütung von vier Prozent verlangen, also bis zu 10 000 Euro – plus etwaige Zuschläge.

Formulierungsbeispiel
Anteilige Vergütung
Ich ordne an, dass für die Bemessung der Vergütung des Testamentsvollstreckers die Empfehlungen des Deutschen Notarvereins zugrunde gelegt werden sollen.

Bei unübersichtlichen Nachlässen kann der Verweis auf die Tabelle allerdings zum Bumerang werden. „Ist bereits der Wert des Nachlasses strittig, lassen sich Auseinandersetzungen um die Vergütung kaum vermeiden", warnt Fachanwältin Lenz-Brendel. Es komme durchaus vor, dass ein Vollstrecker das Zehnfache von dem verlangt – und ihm dies nach aufwendigen Prozessen schließlich zugesprochen wird. Die Juristin empfiehlt daher, insbesondere bei größeren Vermögen feste Sätze im Testament zu bestimmen.

Formulierungsbeispiel
Feste Vergütung
Der Testamentsvollstrecker erhält für seine Tätigkeit eine Vergütung von 85 Euro pro Stunde. Er ist verpflichtet, einmal pro Quartal Rechenschaft abzulegen.

Eine Sicherheit darüber, wie hoch am Ende die Rechnung ausfällt, gibt es zwar auch bei dieser Regelung nicht. Da jedoch der Testamentsvollstrecker seine Tätigkeit offenlegen muss, können die Erben den Zeitaufwand prüfen – und im Zweifel kritische Nachfragen stellen.

Einen Berater finden

Oft sind selbst verfasste Testamente unklar oder gar unwirksam. Mit einem Fachanwalt oder Notar passiert das nicht.

Wer sein Testament ohne fachliche Hilfe schreibt, kann viele Fehler machen. So vergessen Laien oft, einen Ersatzerben zu benennen. Das kann dann zum Problem werden, wenn eine im Testament als Erbe aufgeführte Person bereits vor dem Erblasser gestorben ist. Dann bestimmt das Gesetz, wer stattdessen den Nachlass erhält. Viele Ehepaare, die gemeinsam ein Berliner Testament aufsetzen, denken nicht daran zu regeln, was im Scheidungsfall gelten soll. Sagt ein Ehegattentestament nichts zu diesem Fall, wird es mit der Scheidung in der Regel automatisch unwirksam.

Das bedeutet: Statt des Testaments tritt dann doch die gesetzliche Erbfolge in Kraft, die der Verfasser wegen ihrer unerwünschten Folgen ausschließen wollte.

Prozesse wegen Formfehlern

Auch im Hinblick auf die Formalien eines Testaments kommt es mitunter zu Fehlern, die den letzten Willen unwirksam machen. Und die Gerichte urteilen streng: So erklärte das Schleswig-Holsteinische Oberlandesgericht im Juli 2015 ein Testament für unwirksam, weil die Handschrift der Verfasserin zum Teil unlesbar war (Az. 3 Wx 19/15). Im Oktober 2010 befand das Oberlandesgericht München ein selbst formuliertes Testament für unwirksam, in dem eine Frau ihr Vermögen „an folgende Erben (siehe Liste)" verteilte (Az. 31 Wx 161/10). Die Liste mit den Namen der sechs Erben war dem unterschriebenen Testament als Anlage beigelegt, aber nicht separat unterschrieben.

Hilfe vom Notar oder Anwalt

Um solche fatalen Fehler zu vermeiden, ist es ratsam, sich beim Verfassen des Testaments von Profis helfen zu lassen. Für eine fachkundige Unterstützung kommen vor allem zwei Berufsgruppen infrage: Rechtsanwälte und Notare. Muss ein Unternehmen auf die nächste Generation übertragen werden, empfiehlt es sich häufig, zusätzlich einen Steuerberater hinzuzuziehen.

Notar beurkundet Testament

Ein Notar hört sich in einem Vorgespräch an, wie sich ein Mandant die Verteilung seines Nachlasses vorstellt, und entwirft dann auf dieser Basis ein Testament. Dieses muss der Mandant unterschreiben. Anschließend beurkundet der Notar das Schriftstück.

Der Notar rechnet seine Arbeit nach dem Gerichts- und Notarkostengesetz ab. Die Höhe der Rechnung hängt vom Wert des Nachlasses ab. Beträgt der Nachlass beispielsweise 500 000 Euro, so kostet ein notarielles Einzeltestament 935 Euro plus Mehrwertsteuer und Auslagen des Notars. Beurkundet der Notar das Testament eines Ehepaares, verdoppelt sich der Betrag (siehe Tabelle, Seite 32).

Tipp: Wer seinen künftigen Erben etwas Gutes tun möchte, geht zum Notar. Bei einem privat verfassten Testament müssen die Erben auf eigene Kosten einen Erbschein beim Amtsgericht beantragen, um etwa beim Grundbuchamt ein geerbtes Haus umschreiben zu lassen. Mit einem notariellen Testament in der Hand geht das auch ohne Erbschein.

UNSER RAT

In guten Händen

Anwalt oder Notar. Sowohl ein Notar als auch ein Rechtsanwalt können Ihnen beim Verfassen Ihres Testaments helfen. Zwingend zu einem Notar müssen Sie gehen, wenn Sie einen Erbvertrag abschließen, mit einem Erben einen Erbverzicht vereinbaren oder bereits zu Lebzeiten einem Nachfahren eine Immobilie schenken wollen.

Kosten erfragen. Scheuen Sie sich nicht, nach den Kosten zu fragen, bevor Sie einen Notar oder Rechtsanwalt verbindlich beauftragen.

Honorar verhandeln. Notare rechnen nach dem Gerichts- und Notarkostengesetz ab. Die Rechnungshöhe hängt vom Nachlasswert ab (siehe Tabelle „Was ein Notar kostet", Seite 32). Wenn Sie einen Anwalt vorziehen, sollten Sie zu einem Spezialisten gehen, einem Fachanwalt für Erbrecht. Berät dieser Sie beim Abfassen des Testaments, sind die Kosten frei verhandelbar. Viele Anwälte berechnen Pauschalen für einen Testamentsentwurf. Das schützt vor Überraschungen. Wenn Anwälte nach Aufwand bezahlt werden, müssen Sie mit Stundensätzen ab 250 Euro rechnen.

Versicherung kontaktieren. Fragen Sie bei Ihrem Rechtsschutzversicherer nach, ob er die Kosten wenigstens zum Teil übernimmt. Viele Verträge sehen vor, dass Kunden Beratungskosten von bis zu 250 Euro erstattet bekommen. Manche Anbieter übernehmen sogar mehr Anwaltskosten.

Profis finden. Wer Notare im Umkreis sucht, findet unter www.bnotk.de Hilfe. Bei der Anwaltssuche helfen die Seiten www.anwaltauskunft.de, www.deutsches-forum-fuer-erbecht.de, www.dvev.de und www.ndeex.de.

Privates Testament mit Anwaltshilfe

Ein Testament beurkunden kann ein Rechtsanwalt zwar nicht, einen Textentwurf erstellen sehr wohl. Der Mandant muss diesen anschließend nur noch eigenhändig ab- und unterschreiben.

Anders als beim Notar ist die außergerichtliche Hilfe des Anwalts grundsätzlich frei verhandelbar. Für die Erstellung eines Testamentsentwurfs nehmen Anwälte oft Pauschalen, die sich am Arbeitsaufwand orientieren. Komplizierte Fälle kosten also mehr als einfache. Der Vorteil eines Pauschalhonorars: Der Kunde weiß von Anfang an, welche Kosten auf ihn zukommen. Rechnet ein Anwalt nach Stunden ab, müssen Mandanten mit Sätzen von 250 Euro und mehr rechnen.

Bei Erbvertrag ist Notar zwingend

In manchen Situationen haben Mandanten keine Wahl, ob und von wem sie sich helfen lassen:

➔ Wollen nicht verheiratete Partner einen gemeinsamen letzten Willen verfassen, der ähnlich verbindlich ist wie das Berliner Testament bei Ehegatten, müssen sie einen Erbvertrag bei einem Notar abschließen.

➔ Nicht selten wollen Eltern schon zu Lebzeiten ein Haus auf ein Kind übertragen, um die später beim Erbfall anfallende Erbschaftsteuer zu sparen. Auch ein solcher Vertrag ist notariell zu beurkunden.

➔ Wollen Eltern noch zu Lebzeiten mit einem unliebsamen Kind einen Vertrag schließen, in dem das Kind gegen Zahlung einer Abfindung auf sein Erbe verzichtet, ist der Notar ebenfalls zwingend.

Wer in seinem Umkreis Notare finden will, kann zum Beispiel die „Notarsuche" auf der Internetseite der Bundesnotarkammer nutzen (www.bnotk.de).

Rat vom Spezialisten

Vererbende in spe, die die Hilfe eines Rechtsanwalts suchen, sollten sich an einen ausgewiesenen Spezialisten wenden, einen Fachanwalt für Erbrecht. Diese haben nicht nur – wie alle Anwälte – zwei juristische Staatsexamen bestanden. Darüber hinaus bilden sie sich auf dem Gebiet des Erbrechts fort und haben gegenüber der Rechtsanwaltskammer Erfahrungen auf diesem Rechtsgebiet nachgewiesen.

Eine gute Internetseite zur Anwaltssuche bietet der Deutsche Anwaltverein (DAV) unter www.anwaltauskunft.de. Außerdem lohnt sich ein Blick auf die Webseiten verschiedener Spezialisten, die sich zusammengetan haben und eine Expertensuche sowie hilfreiche Informationen zum Erbrecht anbieten:

→ Deutsches Forum für Erbrecht, www.deutsches-forum-fuer-erbrecht.de,
→ Deutsche Vereinigung für Erbrecht und Vermögensnachfolge, www.dvev.de,
→ Netzwerk Deutscher Erbrechtsexperten, www.ndeex.de.

Wann es ohne fremde Hilfe geht

Nur wenn es wenig zu vererben gibt oder die Familienverhältnisse sehr klar sind, ist nicht unbedingt die professionelle Hilfe eines Anwalts oder Notars nötig. So kann ein Ehepaar, das einen Sohn hat und nur ein Haus im Wert von 300 000 Euro vererben will, mit etwas Fachlektüre ein Berliner Testament vielleicht auch allein aufsetzen. Sobald jedoch höhere Werte oder mehrere Erben im Spiel sind, sollte ein Profi ran.

Wer soll was bekommen?

Wer soll einmal von Ihrem Vermögen profitieren? Möchten Sie vor allem Ihren Ehepartner absichern? Leben Sie ohne Trauschein oder als Patchworkfamilie zusammen? Ist Ihnen wichtig, eine streitanfällige Erbengemeinschaft zu verhindern? Möchten Sie jemanden enterben oder eine gemeinnützige Organisation begünstigen?

In all diesen Fällen ist die gesetzliche Erbfolge keine Hilfe. Wie Sie Ihren Nachlass je nach Lebenssituation und Wünschen am besten regeln, erfahren Sie in diesem Kapitel.

Die gesetzliche Erbfolge: Selten eine gute Lösung

Existiert kein Testament, wird der Nachlass eines Verstorbenen nach gesetzlichen Regeln verteilt. Ob das in seinem Sinn ist, spielt keine Rolle.

Knapp zwei Drittel der Deutschen sterben, ohne zuvor ihren letzten Willen notiert zu haben. Für diesen Fall hält das Bürgerliche Gesetzbuch (BGB) ein Auffangnetz bereit: Der Nachlass steht dann Verwandten und – falls vorhanden – dem Ehepartner oder eingetragenen Lebenspartner zu.

Oft haben die gesetzlichen Erbregeln unerwünschte Folgen. So glauben viele Ehepaare, dass der Partner automatisch alles erbt: ein Irrtum. Lässt etwa der Mann seine Ehefrau und zwei Kinder zurück, bilden alle drei eine Erbengemeinschaft. Der Frau steht lediglich die Hälfte des Nachlasses zu, den beiden Kindern je ein Viertel (siehe Grafik „Erben ist Familiensache", Seite 46). Kein Wunder, dass in Erbengemeinschaften oft Streit entbrennt.

Übrigens: Nicht verheiratete Partner erben laut BGB gar nichts.

Aber vielleicht ist die gesetzliche Erbfolge ja auch in Ihrem Sinne und Sie müssen gar kein Testament verfassen. Damit Sie das entscheiden können, stellen wir Ihnen die gesetzlichen Regelungen kurz vor.

Kinder und Ehepartner zuerst

Ohne Testament profitieren vom Vermögen des Verstorbenen in jedem Fall dessen Blutsverwandte. Ehe- und eingetragene Lebenspartner sind zwar keine Verwandten, haben jedoch ein spezielles gesetzliches Erbrecht.

Viele Verstorbene hinterlassen eine große Familie. Um aus ihr die Erbberechtigten herauszufiltern, teilt das Gesetz die Verwandten in Erbgruppen, sogenannte Ordnungen ein.

→ Zuerst erbberechtigt sind die jungen Nachkommen des Verstorbenen, also Kinder, Enkel und Urenkel („erste Ordnung").

→ Existieren keine Verwandten erster Ordnung, erben Eltern und Geschwister. Diese werden auch als Verwandte „zweiter Ordnung" bezeichnet. Zu ihnen gehören auch Nichten und Neffen des Erblassers.

→ Falls auch sie nicht mehr leben, kommen, soweit noch vorhanden, die Großeltern des Erblassers sowie dessen Tanten, Onkel, Cousinen und Cousins als gesetzliche Erben in Betracht („dritte Ordnung").

Grundregel: Solange zum Zeitpunkt des Todesfalls noch mindestens ein Verwandter einer vorrangigen Ordnung lebt, erbt dieser. Verwandte nachrangiger Ordnungen gehen dann leer aus.

Beispiel: Witwer Thomas Mayerhöfer stirbt und hinterlässt seine kinderlose Tochter Anna. Außerdem lebt seine Mutter Emma noch. Da Anna jedoch eine Verwandte erster Ordnung ist, kann Mayerhöfers Mutter als Verwandte zweiter Ordnung nicht Erbin werden. Tochter Anna erbt somit allein (siehe Grafik „Geordnet erben", rechts).

Hinterlässt ein Verstorbener dagegen mehrere Kinder, erben diese stets zu gleichen Teilen.

Beispiel: Der ledige Wolfgang Müller hinterlässt zwei Söhne, Matthias und Maximilian. Als Verwandten erster Ordnung steht jedem von ihnen die Hälfte vom Nachlass ihres Vaters zu.

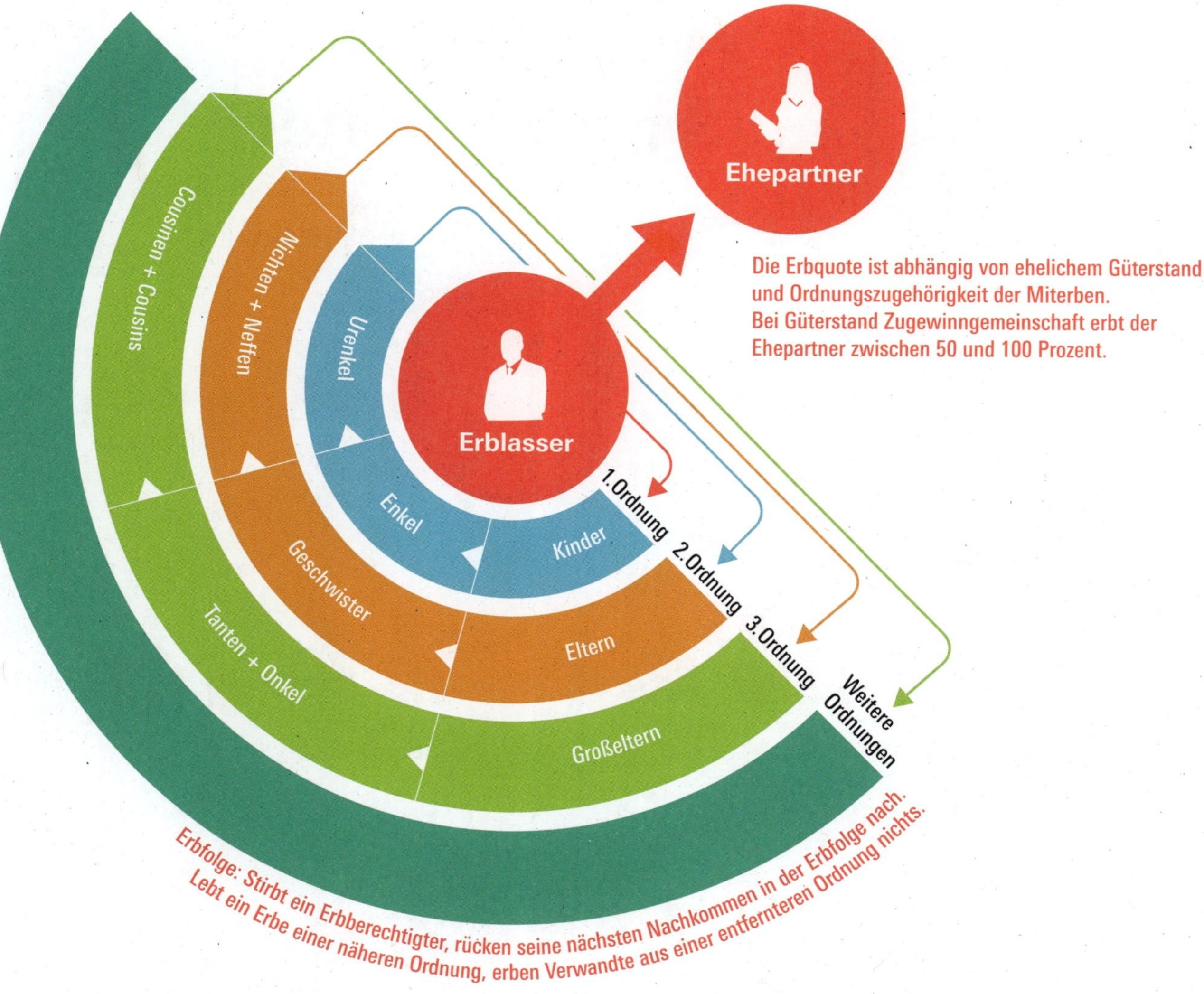

Geordnet erben. Beispiel: Ein Ehemann und Vater stirbt. Seine Ehefrau erbt mit Tochter und Sohn. Das Kind der Tochter erbt nichts. Aber: Lebt die Tochter beim Tod ihres Vaters nicht mehr, rückt die Enkelin in ihre Erbposition auf. Dann erben Ehefrau, Sohn und Enkelin.

Wann Enkel erben

Ist ein Kind des Erblassers bereits verstorben, rücken bei dessen Tod die jeweiligen Enkelkinder in der Erbfolge nach.

Beispiel: Die alleinstehende Regina Lehnert hat zwei Töchter, Alma und Sarah. Alma verstirbt früh und hinterlässt Sohn Finn. Zwei Jahre später stirbt auch ihre Mutter Regina. Nach ihrem Tod erben ihre Tochter Sarah und ihr Enkel Finn. Finn ist in die Erbposition von Alma aufgerückt.

Wichtig: Rücken mehrere Enkel auf, erben sie zusammen dennoch nur den Erbteil, der dem verstorbenen Kind zugestanden hätte. „Erbfolge nach Stämmen" nennen das die Juristen. Jedes Kind des Verstorbenen bildet mit seinen Nachkommen einen Stamm. Die Stämme erben zu gleichen Teilen.

Angenommen, Regina Lehnerts Tochter Alma hätte neben Sohn Finn noch einen weiteren Sohn: Timm. Nach Almas Tod würden beide in ihre Erbposition einrücken. Verstirbt anschließend Regina Lehnert, erben

Erben ist Familiensache. Hat ein Verstorbener kein Testament verfasst, geht das Erbe an seine Verwandten. Hinterlässt er Kinder, erben diese in jedem Fall. Der Partner erbt dagegen nur, wenn der Verstorbene mit ihm verheiratet war oder eine eingetragene Lebenspartnerschaft geführt hat.

Sind Sie verheiratet?

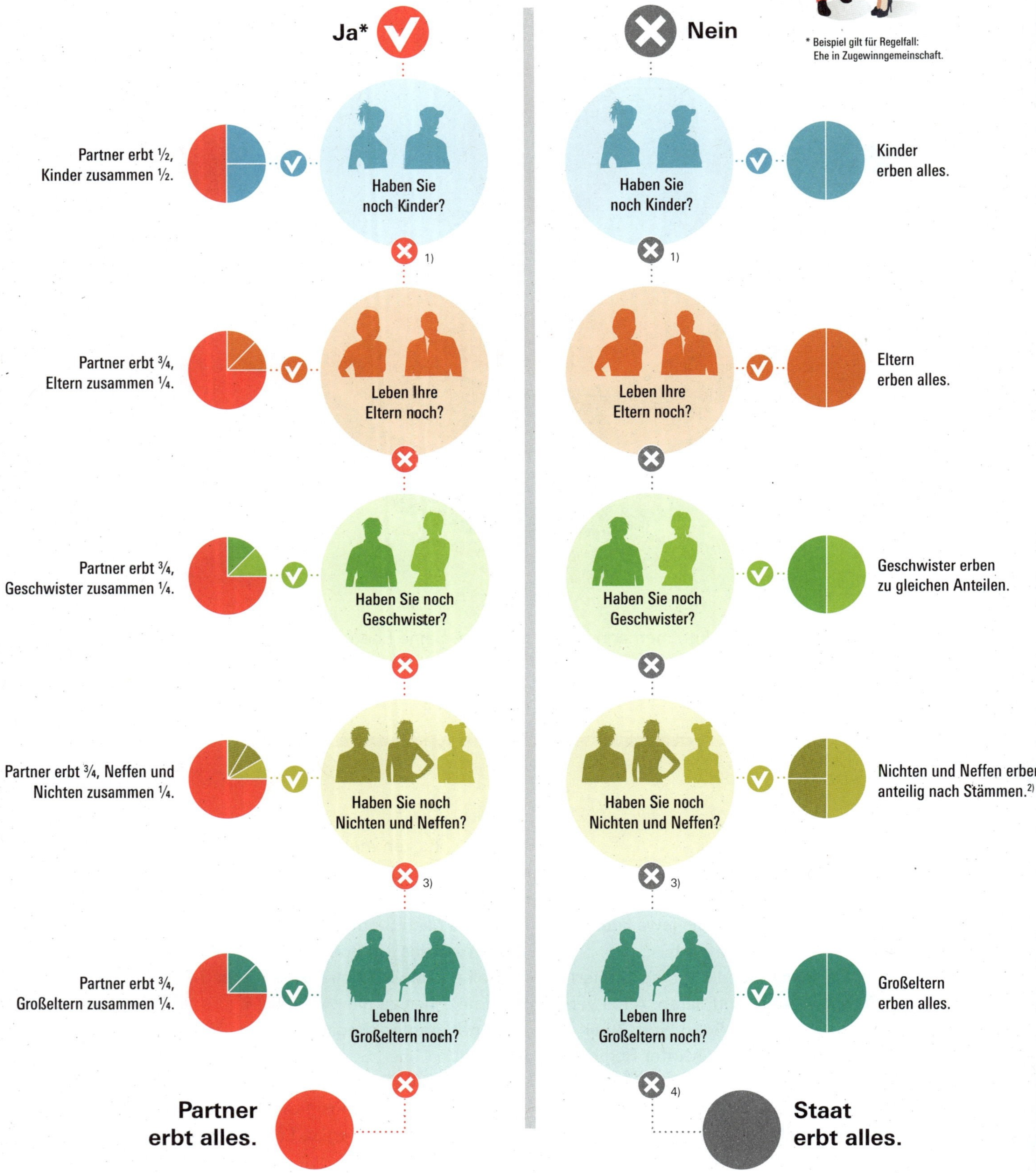

1) Es leben auch keine Nachkommen der Kinder mehr. 2) Beispiel: Schwester und Bruder des Erblassers leben nicht mehr. Die zwei noch lebenden Kinder des Bruders bilden einen Familienstamm, das Einzelkind der Schwester den anderen. Die Stämme erben zu gleichen Teilen. Folge: Die beiden Kinder des Bruders bekommen zusammen eine Hälfte, das Einzelkind der Schwester die andere Hälfte. 3) Es leben auch keine Nachkommen der Nichten und Neffen mehr. 4) Auch leben keine sonstigen Verwandten mehr oder sind nicht ermittelbar.

folglich ihre Tochter Sarah sowie ihre Enkel Finn und Timm. Der Nachlass würde jedoch nicht gedrittelt, sondern der Familienstamm „Sarah" bekäme eine Hälfte und der Familienstamm „Alma" die andere. Die Enkel Finn und Timm würden also jeweils nur ein Viertel erben.

Was Ehepartnern zusteht

Ehepartner sind zwar nicht miteinander verwandt, doch auch sie erben, wenn ihr Partner stirbt. Die Erbquote hängt vom ehelichen Güterstand ab und davon, ob der Verstorbene noch lebende Verwandte hat.

Wenn Ehepartner nichts anderes vertraglich vereinbaren, leben sie automatisch im Güterstand der Zugewinngemeinschaft. Dann gilt: Vergrößert ein Ehepartner im Lauf der Ehe sein Vermögen mehr als der andere, wird dieser Zugewinn zum Ende der Ehe aufgeteilt. Endet die Ehe durch den Tod eines Partners, erhält der Hinterbliebene neben seinem gesetzlichen Erbanteil einen pauschalierten Zugewinnausgleich.
Beispiel: Hinterlässt ein Mann neben seiner Ehefrau zwei Kinder, bekommt seine Frau ein Viertel des Nachlasses als gesetzlichen Erbteil. Ein weiteres Viertel steht ihr als pauschalierter Zugewinnausgleich zu. Insgesamt erhält sie also die Hälfte des Vermögens – die zweite Hälfte teilen sich die beiden Kinder.
Wichtig: Die Erbquote des hinterbliebenen Partners richtet sich nach dem Verwandtschaftsgrad der Miterben. Je nachdem, welcher Ordnung sie zugehören, stehen dem Ehepartner in einer Zugewinngemeinschaft zwischen 50 und 100 Prozent des Nachlasses zu (siehe Grafik „Erben ist Familiensache" links).

Wäre der verstorbene Mann aus obigem Beispiel kinderlos, lebten aber seine Eltern noch, bekäme seine Witwe nicht die Hälfte, sondern drei Viertel. Das restliche Viertel stünde den Eltern zu.

UNSER RAT

Besser handeln

Erbengemeinschaft verhindern. Ohne Testament greift die gesetzliche Erbfolge – oft mit unerwünschten Folgen. So würden Kinder und Ehepartner zwangsläufig eine Erbengemeinschaft bilden. Diese Konstellation mündet oft in Streitigkeiten, die sich aber verhindern lassen.

Ehegatten begünstigen. Ehepartner und eingetragene Lebenspartner können entweder getrennte Testamente oder ein gemeinsames Testament verfassen (siehe „Nur für Verheiratete", Seite 54).

Lebensgefährten absichern. Unverheiratete erben laut Gesetz nichts. Wollen Sie, dass Ihr Partner etwas erbt, müssen Sie das in Ihrem Testament so verfügen. Ein gemeinsames Testament mit Ihrem Partner können Sie nicht verfassen, einen Erbvertrag schon. Dafür müssen Sie mit Ihrem Partner zwingend zu einem Notar. Mehr dazu siehe „Erbvertrag" ab Seite 59.

Wenn ein Ehevertrag existiert

Manche Ehepaare schließen den Zugewinnausgleich aus, indem sie bei einem Notar einen Ehevertrag abschließen. Darin vereinbaren sie stattdessen zum Beispiel die Gütertrennung. Die Folge: Stirbt einer der beiden Eheleute, fällt das Erbe des noch lebenden Ehepartners meist kleiner aus als in der Zugewinngemeinschaft. Neben einem Kind erhält der Ehegatte die Hälfte. Bei zwei Kindern bekommt er nur noch ein Drittel. Bei drei und mehr Kindern erhalten Witwer oder Witwe dagegen immer ein Viertel. Die Kinder teilen sich den Rest.

WAS EHEGATTEN ERBEN

Mit oder ohne Ehevertrag?

Wie viel der Ehepartner erhält, lässt sich nicht pauschal beantworten. Mindestens ein Viertel vom Nachlass steht ihm zu.

Normalfall: Zugewinngemeinschaft

Ohne Ehevertrag leben die Partner in einer Zugewinngemeinschaft. Bei einer Scheidung wird der Zugewinn dann exakt berechnet. Hat ein Partner sein Vermögen in der Ehe mehr vergrößert als der andere, wird die Differenz am Schluss zwischen beiden Partnern aufgeteilt: Der „Profiteur" muss dann die Hälfte seines Zugewinns an den anderen Partner abgeben.

Endet die Ehe dagegen, weil einer der Partner verstirbt, erfolgt der Zugewinnausgleich pauschal. Der noch lebende Ehepartner erhält zu seinem gesetzlichen Erbteil pauschal ein weiteres Viertel der Erbmasse hinzu. Er bekommt neben Erben der ersten Ordnung – den Kindern des Verstorbenen – folglich die Hälfte des Nachlasses. Neben Erben der zweiten und dritten Ordnung erbt er sogar drei Viertel.

Ehevertrag mit Gütertrennung

Bei einer Gütertrennung behält jeder Partner sein Vermögen – sowohl während als auch nach der Ehe. Ein Zugewinnausgleich nach einer Scheidung oder dem Tod eines Partners findet dann nicht statt. Auch die pauschale Erhöhung des Erbteils des Ehepartners unterbleibt.

Die Erbquote des überlebenden Ehegatten richtet sich bei einer Gütertrennung nach der Anzahl der miterbenden Kinder. Sind neben dem Ehegatten ein oder zwei Kinder des Erblassers erbberechtigt, erben alle zu gleichen Teilen. Neben einem Kind erhält der Ehegatte also die Hälfte. Bei zwei Kindern bekommt er nur noch ein Drittel. Bei drei und mehr Kindern erhalten Witwer oder Witwe dagegen immer ein Viertel. Die Kinder teilen sich den Rest.

Unverheiratete gehen leer aus

Geschiedenen steht kein gesetzliches Erbrecht zu. Auch Noch-Ehegatten können leer ausgehen, wenn der Verstorbene den Scheidungsantrag schon gestellt hatte und das Paar zum Todeszeitpunkt bereits ein Jahr getrennt lebte. Das Gleiche gilt, wenn der Verstorbene vor seinem Tod einem Scheidungsantrag seines Partners zugestimmt hatte. Eine einfache Trennung schließt den Ehepartner aber noch nicht vom Erbe aus.

Auch für Paare ohne Trauschein sieht das gesetzliche Erbrecht keinen Erbanteil vor. Wer seinen Partner absichern möchte, sollte unbedingt ein Testament verfassen oder mit dem Partner einen Erbvertrag schließen. Das Erbrecht der Kinder hängt nicht von einem Trauschein ab. Die gesetzlichen Regeln sehen für Kinder stets einen Erbteil vor.

Beispiel: Thorsten Schwarz stirbt nach der Scheidung von seiner Frau Martina. Die beiden Kinder leben seit der Scheidung bei Martina. Ein Testament hat Thorsten nicht verfasst. Folge: Ex-Frau Martina erbt nichts, die Kinder erben jeweils die Hälfte.

Warum ein Testament meist wichtig ist

Angesichts der vorangegangenen Schilderungen könnte mancher meinen, die gesetzliche Erbfolge würde die Nachlassaufteilung zufriedenstellend regeln. Vor diesem Hintergrund wäre ein Testament eigentlich nicht erforderlich. Doch Vorsicht: In aller Regel ist es trotzdem sinnvoll, die Vermögensverteilung selbst in die Hand zu nehmen. Für das Verfassen eines Testamentes sprechen mehrere Gründe.

Erstens: Die gesetzliche Erbfolge benennt zwar die Erbberechtigten unter den Ver-

Was Ehegatten und eingetragene Lebenspartner erben

Güterstand	neben Erben 1. Ordnung (Kinder, Enkel)	neben Erben 2. Ordnung (Eltern, Geschwister)	neben Erben 3. Ordnung (Großeltern)	neben Erben weiterer Ordnungen
Zugewinngemeinschaft	1/2	3/4	3/4*)	1/1
Gütertrennung	1/2 bei einem Kind 1/3 bei zwei Kindern 1/4 bei drei und mehr Kindern	1/2	1/2*)	1/1

*) Ist ein Großelternteil verstorben, erbt der überlebende Ehegatte anstelle seiner Abkömmlinge auch dessen Teil. Sind keine Abkömmlinge vorhanden, geht der Anteil an die anderen Großelternteile.

wandten und auch deren Erbquoten. Über die konkrete Verteilung der Nachlassgegenstände müssen sich die Miterben in solchen Fällen jedoch selbst einig werden.

Zweitens: Im Fall von Barvermögen ist die Verteilung nach Erbquoten leicht. Gehört zum Nachlass aber eine Immobilie oder etwa wertvoller Schmuck, wird die Aufteilung erheblich schwieriger. Finden die Erben keinen Weg, müssen Nachlassgegenstände in vielen Fällen versteigert werden.

Streit unter Erben vermeiden

Ein Testament ist auch deshalb ratsam, weil sich darin durch clevere Anordnungen eine Erbengemeinschaft vermeiden lässt. Stirbt etwa ein Familienvater ohne Testament und hinterlässt er Ehefrau und zwei erwachsene Kinder, erben sie zusammen als Erbengemeinschaft. Besteht dann der Nachlass zum größten Teil aus dem von der Ehefrau bewohnten Eigenheim, müsste diese sich mit ihren Kindern einigen. Diese werden häufig nicht ohne Abfindung auf ihren Erbanteil verzichten.

Schon bei weniger existenziellen Fragen kommt es oft zu Streit. Angenommen, der verstorbene Ehemann würde Frau und Kindern eine Ferienimmobilie vererben. Die Mutter möchte das Ferienhaus vermieten, um so ihre Altersvorsorge aufzubessern. Die Kinder wollen das Haus dagegen verkaufen, um sich von ihrem Anteil am Verkaufspreis selbst ein Eigenheim kaufen zu können.

Die verschiedenen Interessen der Mitglieder einer Erbengemeinschaft können zu erbittertem Streit führen. Im schlimmsten Fall kommt es zu einer Versteigerung des Hauses, deren Erlös niemanden befriedigt.

Fazit: Wer ein kluges Testament verfasst, kann die Klippen der gesetzlichen Erbfolge umschiffen. Klare und durchdachte Regelungen leisten zudem einen wichtigen Beitrag zum Familienfrieden.

Pflichtteil: Was Angehörigen zusteht

Nahen Angehörigen steht ein Mindestanteil am Nachlass zu. Das müssen Sie beachten, wenn Sie Ihr Testament verfassen.

Wer mit Kindern oder Enkeln heillos zerstritten ist, will ihnen nach seinem Tod nicht auch noch sein Vermögen zukommen lassen. Die schlechte Nachricht: Das Erbrecht stellt nahe Angehörige unter besonderen Schutz. In der Regel haben sie zumindest Anspruch auf einen Pflichtteil. Dieser lässt sich auch per Testament nicht aushebeln. Nur in Ausnahmefällen kommt ein Entzug des Pflichtteils infrage.

Die wichtigsten Fragen

Was ist grundsätzlich unter einem Pflichtteil zu verstehen?

Der Pflichtteil ist eine finanzielle Mindestbeteiligung am Nachlass eines Verstorbenen. Er steht nahen Verwandten zu, die der Erblasser durch eine letztwillige Verfügung, etwa durch Testament oder Erbvertrag, von der Erbfolge ausgeschlossen hat.

Auf ihren Pflichtteil haben nahe Angehörige einen gesetzlichen Anspruch. Der Erblasser kann folglich einen bestimmten Personenkreis nicht in vollem Umfang vom Erbe ausschließen. Insofern schränkt das Pflichtteilsrecht die Freiheit ein, das eigene Vermögen nach Belieben aufzuteilen.

Wer hat Anspruch auf einen Pflichtteil?

Einen Anspruch auf den Pflichtteil haben Kinder, Enkel und Urenkel, also „Abkömmlinge" des Erblassers. Dabei spielt es keine Rolle, ob die Kinder ehelich sind oder aus früheren Beziehungen stammen. Außerdem sind sein überlebender Ehegatte beziehungsweise eingetragener Lebenspartner sowie seine Eltern pflichtteilsberechtigt.

Wie bei der gesetzlichen Erbfolge schließt die Existenz naher Verwandter das Pflichtteilsrecht weiter entfernter Verwandter aus (siehe „Die gesetzliche Erbfolge", Seite 44). Erbt beispielsweise ein Kind des Verstorbenen, können dessen Enkel, Urenkel sowie die Eltern grundsätzlich keinen Pflichtteil einfordern.

Geschwistern, Großeltern und anderen weiter entfernten Verwandten sowie unehelichen Lebenspartnern steht grundsätzlich kein Pflichtteil zu. Sie alle gehen leer aus, wenn der Erblasser sie im Testament nicht bedacht oder sie sogar ausdrücklich enterbt hat. Auch Ex-Ehegatten haben in der Regel keinen Anspruch auf einen Pflichtteil. Dafür muss die Scheidung noch nicht einmal rechtskräftig sein. Es genügt, wenn sie eingereicht wurde und beide Partner zugestimmt haben.

Pflichtteilsberechtigte sind keine Erben (siehe Frage 4, Seite 7, und Seite 25). Ihr gesetzlicher Anspruch bezieht sich auf ihren Mindestanteil am Nachlass. Nur diesen können sie nach dem Tod des Erblassers gegenüber den Erben geltend machen.

Bis wann kann der Pflichtteilsberechtigte seinen Anspruch geltend machen?

Er hat dafür drei Jahre Zeit. Dann verjährt der Anspruch. Gerechnet wird ab dem Ende des Jahres, in dem der Angehörige vom Tod des Erblassers erfahren hat – und davon, dass dieser ihn enterbt hat.

UNSER RAT

Einvernehmlich regeln

Enterben. Möchten Sie einen nahen Angehörigen testamentarisch oder per Erbvertrag enterben, verschaffen Sie sich einen Überblick über eventuelle Pflichtteilsberechtigte und deren Ansprüche. Wie Sie „richtig enterben", lesen Sie ab Seite 70.

Abfinden. Ersparen Sie Ihren Erben Streitigkeiten mit möglichen Pflichtteilsberechtigten. Da Pflichtteilsberechtigte nach Ihrem Tod einen Geldanspruch erhalten, kann es passieren, dass Ihre Erben Nachlassgegenstände, etwa eine Immobilie im Familienbesitz, zu Geld machen müssten, um den Berechtigten auszuzahlen. Versuchen Sie, mit diesem eine Einigung zu Lebzeiten zu finden. Möglich ist ein vertraglicher Pflichtteilsverzicht gegen eine Abfindung.

Schenken. Möchten Sie noch zu Lebzeiten Vermögenswerte an Ihre nahen Angehörigen verschenken, legen Sie bei der jeweiligen Schenkung fest, ob sie vom Pflichtteil abgezogen werden soll oder nicht – am besten schriftlich, um späteren Beweisstreitigkeiten vorzubeugen.

Welchen Anteil am Gesamtvermögen umfasst der Pflichtteil?

Der Pflichtteil ist halb so groß wie der gesetzliche Erbteil einer Person. Die Höhe des gesetzlichen Erbteils bestimmt sich nach dem Nachlasswert und der gesetzlichen Erbfolge (siehe Seite 44).

Beispiel: Ein alleinstehender Mann vererbt ein Vermögen von 100 000 Euro an seine zwei Kinder. Deren gesetzlicher Erbteil umfasst jeweils die Hälfte, also 50 000 Euro. Sollte der Mann ein Kind enterben, erhielte dieses nach seinem Tod einen Pflichtteil in Höhe von 25 000 Euro.

Wichtig: Wer Anspruch auf einen Pflichtteil hat, kann diesen von den Erben ausschließlich in Geld verlangen, er hat keinen Anspruch auf einzelne Gegenstände aus dem Nachlass, zum Beispiel Schmuck oder ein Auto. Umgekehrt können die Erben ihm statt Geld auch keine Gegenstände aus dem Nachlass aufzwingen. Nur wenn beide Seiten damit einverstanden sind, können auch Gegenstände an den Pflichtteilsberechtigten ausgehändigt werden.

Müssen die Erben dem enterbten Angehörigen Auskunft geben?

Erben sind nicht nur verpflichtet, einen enterbten Angehörigen auszuzahlen. Wenn dieser es wünscht, müssen sie ihn auch darüber informieren, wie sich der Nachlass zusammensetzt, und zu diesem Zweck ein Nachlassverzeichnis erstellen. Darin sind alle Vermögenswerte – aber auch Verbindlichkeiten – des Erblassers zum Zeitpunkt seines Todes aufzuführen. Dazu gehören auch sogenannte Erbfallschulden, die aus Anlass des Todes entstanden sind, etwa die Kosten der Bestattung. Die Erben dürfen nichts unter den Tisch fallen lassen. Nur so kann der Pflichtteilsberechtigte seinen Anteil richtig berechnen.

Gibt es Möglichkeiten, den Pflichtteil im Testament auszuhebeln?

Nein. Ein Szenario: Ein Erblasser will den Pflichtteilsanspruch eines unliebsamen Angehörigen umgehen. Statt ihn zu enterben, spricht er ihm im Testament oder Erbvertrag ein vom Wert her deutlich geringeres Erbe zu. Derartige Manöver vereitelt das Erbrecht von vornherein: Der in diesem Fall benachteiligte Erbe könnte von seinen Miterben die Differenz verlangen, die ihm zu seinem Pflichtteil fehlt – den Restpflichtteil. Unterm Strich käme er so ebenfalls auf die Hälfte seines gesetzlichen Erbteils.

Beispiel: Der alleinstehende Erblasser will seiner Tochter 100 000 Euro vererben. Der ungeliebte Sohn soll möglichst leer ausgehen. Enterbt er ihn jedoch, hätte dieser Anspruch auf 25 000 Euro Pflichtteil. Per Testament hat der Vater deshalb verfügt, dass seine Tochter 99 000 Euro bekommen soll, sein Sohn nur 1 000 Euro. Vergeblich: Der Sohn kann von seiner Schwester seinen Restpflichtteil von 24 000 Euro verlangen.

Kann der Pflichtteil entzogen oder zumindest eingeschränkt werden?

Im Gesetz sind Ausnahmefälle beschrieben, bei deren Eintreten der Erblasser einem nahen Angehörigen dessen Pflichtteil entziehen kann – etwa wenn der Sohn eine schwere Straftat begangen hat. Dann mutet der Gesetzgeber Eltern nicht auch noch zu, ihrem abtrünnigen Kind Teile ihres Vermögens hinterlassen zu müssen. Ein solcher Pflichtteilsentzug ist jedoch im Testament oder Erbvertrag explizit anzuordnen und konkret zu begründen.

Achtung: Hat der Erblasser dem Übeltäter in der Zwischenzeit verziehen, ist der Entzug des Pflichtteils nichtig.

Eltern, deren Kinder zur Verschwendung neigen oder verschuldet sind, gibt das Erbrecht die Möglichkeit, ihr Vermögen für weitere Nachkommen zu erhalten. In solchen Fällen darf der Erblasser den Pflichtteil zwar nicht kürzen, aber immerhin dessen Verwendung beschränken. Setzt er die gesetzlichen Erben des Pflichtteilsberechtigten als „Nacherben" ein, wird dieser selbst zum „Vorerben". Folge: Er kann seinen Pflichtteil nicht mehr nach Gutdünken verwenden. Der Erblasser kann auch auf Lebenszeit seines verschwenderischen Abkömmlings einen Testamentsvollstrecker einsetzen. Eine solche Beschränkung muss der Erblasser im Testament oder Erbvertrag ebenfalls mit konkreter Begründung anordnen.

Wie wirken sich Geschenke zu Lebzeiten auf den Pflichtteil aus?

Die Idee, den Pflichtteil eines ungeliebten Angehörigen zu verkleinern, indem der Erblasser sich zu Lebzeiten „arm schenkt", ist nicht neu. Das Gesetz schiebt dieser Strategie jedoch einen Riegel vor, um Pflichtteilsberechtigte zu schützen.

In solchen Fällen steht engen Verwandten ein Pflichtteilsergänzungsanspruch zu, dessen Höhe vom Wert der gemachten Geschenke abhängt. Nicht einbezogen werden allerdings Schenkungen, die bereits länger als zehn Jahre zurückliegen – es sei denn, der Beschenkte war der Ehegatte. Grundsätzlich keine Rolle spielen dagegen Anstandsgeschenke wie zu Weihnachten, dem Geburtstag oder der Hochzeit.

Um den Ergänzungsanspruch zu ermitteln, wird der Wert eines Geschenks, etwa der Verkehrswert einer Immobilie, fiktiv dem Nachlass hinzugerechnet. Aus dem Ergebnis lässt sich der dem Angehörigen insgesamt zustehende Pflichtteil errechnen.

Wichtig: Je länger eine Schenkung zurückliegt, desto geringer ist der Wertanteil, der in die Berechnung einfließt. Nur was der Erblasser innerhalb eines Jahres vor seinem Tod verschenkt hat, wird voll berücksichtigt.

Hat ein Verwandter zu Lebzeiten des Verstorbenen selbst Geschenke erhalten, kann sich sein späterer Pflichtteil verringern. Deshalb sollten Schenker und Beschenkter zu diesem Punkt eine schriftliche Vereinbarung treffen. Um ihren späteren Pflichtteil nicht zu schmälern, können Angehörige derartige Geschenke auch ablehnen.

INFO

Warum der Partner nicht leer ausgeht

Wie hoch der Pflichtteil eines enterbten Ehegatten oder eingetragenen Lebenspartners ist, hängt vom Güterstand der Ehe oder Lebenspartnerschaft zum Todeszeitpunkt ab. Haben die Partner nichts anderes bestimmt, leben sie in einer Zugewinngemeinschaft. Das bedeutet, dass das Vermögen, das ein Partner in die Ehe mit einbringt, sein Eigentum bleibt. Für die Pflichtteilshöhe kommt es des Weiteren darauf an, wie viele andere Angehörige des Verstorbenen erben.

→ **Kleiner Pflichtteil.** Lebten die Ehepartner in einer Zugewinngemeinschaft und hatte der Verstorbene seinen Partner enterbt, kann dieser den konkret errechneten Zugewinnausgleich sowie einen kleinen Pflichtteil fordern. Letzterer errechnet sich aus der Hälfte des gesetzlichen Erbteils. Der pauschalierte Zugewinnausgleich in Höhe von einem Viertel des Nachlasses bleibt außen vor (siehe „Gemeinsames Testament“, Seite 54).

Beispiel: Ehepaar Seidel lebt in Zugewinngemeinschaft und hat drei Kinder. Herr Seidel hinterlässt ein Testament, in dem er seine Frau enterbt. Als Alleinerben erhalten die Kinder des Paares je ein Drittel des Nachlasses. Frau Seidel kann von ihnen den Pflichtteil fordern. Zunächst wird fiktiv ihr gesetzlicher Erbteil errechnet: ein Viertel des Erbes. Die Hälfte ist ihr Pflichtteil. Zusätzlich dazu kann Frau Seidel den konkret errechneten Zugewinnausgleich fordern.

→ **Großer Pflichtteil.** Wurde dagegen der überlebende Ehegatte im Testament des verstorbenen Partners als Erbe oder Empfänger eines Vermächtnisses bedacht, hat er zunächst keinen Anspruch auf einen Zugewinnausgleich. Liegt allerdings der Wert des Erbes oder Vermächtnisses unter dem großen Pflichtteil, kann der Partner eine Aufstockung bis zu diesem Betrag fordern. Der große Pflichtteil errechnet sich wie folgt: gesetzlicher Erbteil plus pauschalierter Zugewinnausgleich geteilt durch zwei. Existieren Kinder, beträgt der gesetzliche Erbteil des überlebenden Partners ein Viertel des Nachlasses, darüber hinaus erhält er ein weiteres Viertel als pauschalen Ausgleich des Zugewinns. Insgesamt bekommt er somit die Hälfte des Erbes. Der große Pflichtteil ist wiederum die Hälfte davon.

→ **Wahlrecht.** Der Ehegatte, der gesetzlicher Erbe geworden oder der in einem vorhandenen Testament oder Erbvertrag nicht ausreichend bedacht worden ist, muss den Zugewinnausgleich in pauschalierter Form nicht akzeptieren. Er kann den tatsächlichen Zugewinn ausrechnen und sich ausgleichen lassen. Obendrein kann er den kleinen Pflichtteil fordern. Dazu muss er die Erbschaft ausschlagen. Dieses Vorgehen lohnt sich für ihn, wenn der konkret berechnete Zugewinn und der kleine Pflichtteil zusammen einen höheren Wert haben als der pauschal um ein Viertel erhöhte gesetzliche Erbteil.

Nur für Verheiratete: Gemeinsames Testament

In einem gemeinsamen Testament können sich Ehepartner zu Alleinerben bestimmen. Das sorgt für Sicherheit und hält das Vermögen zusammen. In Sachen Steuern heißt es aufpassen.

Wie du mir, so ich dir. Auch wenn die Redewendung oftmals im negativen Sinn gebraucht wird, lässt sich mit ihr das sogenannte Berliner Testament schnell und einfach beschreiben: Darin bedenken sich Ehepartner gegenseitig. Erst wenn beide gestorben sind, erhalten gemeinsame Kinder oder andere Erben das Familienvermögen. Diese Form des Testaments ist sehr beliebt: Von den 36 Prozent der Deutschen, die ihren letzten Willen testamentarisch geregelt haben, hat etwa jeder Zweite ein Berliner Testament verfasst, so eine Studie der Deutschen Bank aus dem Jahr 2015.

„Dabei steht der Wunsch im Vordergrund, den überlebenden Ehegatten abzusichern", sagt Christina Unterberger, Fachanwältin für Erbrecht in Berlin. Diese Sorge um die finanzielle Sicherheit des Ehepartners ist nicht ganz unberechtigt. Ein Blick auf die gesetzlichen Erbansprüche des Ehegatten erklärt die Beliebtheit des Berliner Testaments. Abhängig davon, neben welchen Verwandten er erbt und welchen Güterstand die Eheleute vereinbart hatten, ist sein Erbteil unter Umständen nicht allzu hoch (siehe „Mit oder ohne Ehevertrag?", Seite 48).

Nichts für Paare ohne Trauschein

Das Berliner Testament ist ein gemeinschaftliches Testament, das zwei Menschen zusammen aufsetzen. Die jeweils andere Person darf jedoch nicht irgendjemand sein: „Das Berliner Testament ist nur wirksam, wenn die Verfasser miteinander verheiratet oder eingetragene Lebenspartner sind. Paare ohne Trauschein bleiben außen vor", stellt Rechtsanwältin Unterberger klar.

Zwei Erbfälle auf einmal regeln

Dass Eheleute ein gemeinschaftliches und aufeinander abgestimmtes Testament erstellen dürfen, ohne zum Notar zu müssen, ist ein Privileg. Wollen Unverheiratete ihren letzten Willen gemeinsam regeln, geht das nur in einem Erbvertrag – und dafür benötigen sie zwingend einen Notar (siehe „Erbvertrag", Seite 59).

Weiterer Vorteil: Das Berliner Testament regelt gleich zwei Erbfälle auf einmal. Statt zwei einzelnen Testamenten genügt eines, um die Erbfolge sowohl nach dem Tod des ersten als auch des zweiten Ehepartners zu regeln.

Mit einem solchen Testament lassen sich zwei Ziele verfolgen: Zum einen soll der länger lebende Partner abgesichert werden. Zum anderen wird das Familienvermögen zunächst zusammengehalten und nicht auf eine mehrköpfige Erbengemeinschaft, etwa Ehefrau und gemeinsame Kinder, verteilt. Je nachdem, welches dieser beiden Ziele stärker betont werden soll – Absicherung des Partners oder Erhalt des Familienvermögens für die Kinder –, ergeben sich für das Berliner Testament verschiedene Gestaltungsmöglichkeiten.

Fall 1: Ehepartner absichern

Der klassische Fall des Berliner Testaments ist die sogenannte Einheitslösung. Geht es Ehegatten vor allem darum, dass der überlebende Partner nach dem Tod des anderen versorgt ist, setzen sich beide gegenseitig als Alleinerben ein. Das heißt: Derjenige, der zuerst stirbt, hinterlässt dem jeweils anderen das gesamte Vermögen. Gemeinsame Kinder werden in der Regel als Schlusserben eingesetzt. Folge: Nach dem Tod des ersten Elternteils steht ihnen nur der gesetzlich festgelegte Pflichtteil zu. Erst wenn auch der zweite Elternteil stirbt, erben die Kinder das übrig gebliebene Vermögen.

Vorteil der Einheitslösung: Der überlebende Partner kann nach dem Tod des anderen frei über das Vermögen verfügen, ohne dabei an die Wünsche der Kinder oder anderer Erben gebunden zu sein.

Formulierungsbeispiel

Unser Testament

Wir, Karin und Arno Winkler, setzen uns gegenseitig zu Alleinerben ein. Die Erben des Längstlebenden sind unsere gemeinsamen Kinder Anna und Benjamin zu jeweils gleichen Teilen.

Berlin, den 7. Februar 2018
Karin Winkler

Dies ist auch mein letzter Wille.

Berlin, den 7. Februar 2018
Arno Winkler

Gemeinsame Kinder gehen zunächst quasi leer aus. Sie sind für den Tod des ersten Elternteils enterbt und können nur den Pflichtteil fordern. Dieser entspricht der Hälfte des gesetzlichen Erbteils – also jener Summe, die Erben verlangen können, wenn der Verstorbene kein Testament hinterlassen hat (siehe „Pflichtteil", Seite 50).

Beispiel: Franz und Petra Müller leben im gesetzlichen Güterstand der Zugewinngemeinschaft. Sie haben in ihrem Berliner Testament ihren gemeinsamen Sohn Kai als Schlusserben eingesetzt. Als Franz stirbt, hinterlässt er eine Eigentumswohnung im Wert von 500 000 Euro. Der gesetzliche Erbteil von Sohn Kai würde 250 000 Euro betragen. Da seine Eltern aber ein Berliner Testament verfasst haben, bleibt ihm zunächst nur der Pflichtteil. Dieser umfasst die Hälfte des gesetzlichen Erbteils, in Kais Fall also 125 000 Euro.

UNSER RAT

Alles abwägen

Absichern. Wählen Sie den klassischen Fall des Berliner Testaments, die sogenannte Einheitslösung, wenn Sie Ihren Partner nach Ihrem Tod absichern wollen. In diesem Fall setzen Sie sich gegenseitig als Alleinerben ein. Ihre Kinder erben erst, wenn Sie beide verstorben sind.

Ausrechnen. Besitzen Sie ein größeres Vermögen, drohen Ihnen eventuell steuerliche Nachteile, wenn Sie das Berliner Testament wählen. Lassen Sie sich bei einem Fachanwalt für Erbrecht beraten, bevor Sie das Testament aufsetzen.

Auflösen. Denken Sie daran, dass Sie nach dem Tod Ihres Partners das Berliner Testament kaum aufheben können. Sie sind dann ewig daran gebunden. Solange Sie jedoch beide leben, lässt es sich noch ändern.

Strafe für Pflichtteilsforderung

Probleme können entstehen, wenn ein Kind nach dem Tod des ersten Elternteils seinen Pflichtteil tatsächlich geltend macht. Besteht, wie im Beispielfall, das gemeinsame Vermögen des Paares aus einer Immobilie,

WIE EHEGATTEN ERBEN

Ein Viertel plus X

Erbteil. Die Erbquote des Ehegatten oder eingetragenen Lebenspartners kann unterschiedlich hoch sein. Sie richtet sich zum einen danach, welche Verwandten darüber hinaus erben, zum anderen nach dem für die Ehe vereinbarten Güterstand (siehe „Die gesetzliche Erbfolge“, Seite 44).

Miterben. Neben Verwandten erster Ordnung erbt der Partner ein Viertel des Nachlasses. Neben Verwandten zweiter Ordnung sowie neben Großeltern erbt der Ehegatte die Hälfte.

Güterstand. Waren die Eheleute im gesetzlichen Güterstand der Zugewinngemeinschaft verheiratet, erhöht sich die Erbquote des längerlebenden Partners um ein Viertel (sogenannter pauschalierter Zugewinnausgleich). Das bedeutet: Neben Verwandten erster Ordnung erbt der Längerlebende die Hälfte, neben Verwandten zweiter Ordnung bekommt er drei Viertel.

müsste der überlebende Ehepartner das Haus oder die Wohnung womöglich verkaufen, um den Pflichtteil an das Kind auszahlen zu können.

Davor schützt eine Pflichtteilsstrafklausel, die Eheleute in ihr Testament aufnehmen können. Diese Klausel besagt: Kinder, die nach dem Tod des ersten Elternteils ihren Pflichtteil fordern, bekommen auch nach dem Tod des zweiten Elternteils nur den Pflichtteil. Damit wären diese Kinder unterm Strich finanziell meist deutlich schlechter gestellt.

Formulierungsbeispiel

Pflichtteilsstrafklausel

Fordert einer unserer Abkömmlinge beim Tod des erstversterbenden Ehegatten seinen Pflichtteil, so werden er und dessen Nachkommen nicht Erben des Letztversterbenden.

Ehepartner sollten bei der Formulierung ihres Testaments darauf achten, dass die Pflichtteilsstrafklausel nicht erst greift, wenn das Kind seinen Pflichtteil ausgezahlt bekommt, sondern bereits wenn es ihn vom Längerlebenden einfordert.

Pflichtteilsstrafe kann schädlich sein

Um eine Belastung mit Erbschaftsteuer zu mindern oder zu vermeiden, kann es manchmal sinnvoll sein, wenn die Kinder ihren Pflichtteil erhalten. „Das ist etwa dann der Fall, wenn auch die Steuerfreibeträge der Kinder ausgenutzt werden sollen. Gleichzeitig reduziert sich dadurch das steuerlich relevante Erbe des längerlebenden Ehegatten“, sagt Rechtsanwältin Christian Unterberger. In diesen Fällen ist es unter Umständen ratsam, dem überlebenden Ehegatten die Wahlmöglichkeit einzuräumen, ob er von der Pflichtteilsstrafklausel Gebrauch machen möchte.

Eine Alternative zur Pflichtteilsstrafklausel ist der Pflichtteilsverzicht, den Eltern mit ihren Kindern vereinbaren können. Das geht allerdings nur im Rahmen eines notariellen Vertrags.

Fall 2: Vermögen zusammenhalten

Eine andere Variante des Berliner Testaments ist die Trennungslösung. Dabei steht der Wunsch im Vordergrund, das Vermögen der Familie zusammenzuhalten. Die Eheleute setzen sich gegenseitig als Vorerben und ihre Kinder als Nacherben ein. Stirbt ein Ehegatte, geht sein Vermögen auch hier auf den Partner über. Dieser muss es jedoch von seinem eigenen Vermögen trennen und als sogenanntes Sondervermögen verwalten.

Insbesondere wenn der längerlebende Ehepartner von den gesetzlichen Beschränkungen der Vorerbschaft nicht befreit ist, unterliegt er strengen Regeln, wie er mit dem Erbe zu verfahren hat. Eine Immobilie darf er zum Beispiel nicht veräußern. Sieht das Testament vor, dass der Erbe von den Verfügungsbeschränkungen befreit ist („befreiter“ Vorerbe), dürfte er die Immobilie verkaufen, aber nicht verschenken.

Formulierungsbeispiel

Unser Testament

Wir, Ulrike und Bernd Teichmann, setzen uns gegenseitig zu (befreiten) Vorerben ein. Nacherben und Erben des Längstlebenden sind unsere gemeinsamen Kinder Matthias und Tamara jeweils zu gleichen Teilen. Der Nacherbfall tritt ein beim Tode des Längstlebenden.

Weimar, den 2. Januar 2019
Ulrike Teichmann

Dies ist auch mein letzter Wille.

Weimar, den 2. Januar 2019
Bernd Teichmann

Steuerlast im Blick behalten

Das Berliner Testament soll den überlebenden Ehepartner absichern und das Familienvermögen zusammenhalten. Doch es ist nicht für alle die richtige Lösung. Schon bei mittleren Vermögen kann das Berliner Testament steuerliche Nachteile mit sich bringen.

Hintergrund. Geht Vermögen im Rahmen einer Erbschaft auf den anderen Ehegatten über, wird Erbschaftsteuer fällig. Allen Erben steht aber ein allgemeiner Freibetrag gegenüber dem Verstorbenen zu, der steuerfrei bleibt (siehe „Erbschaftsteuer“, Seite 76). Erben müssen erst Steuern zahlen, wenn dieser Freibetrag ausgeschöpft ist.

Die Freibeträge der einzelnen Erben addieren sich, sodass auch größere Erbschaften steuerfrei bleiben, wenn nur genügend Erben ihre Freibeträge nutzen.

Problem Einheitslösung. Stirbt der erste Partner und fordern die Kinder keinen Pflichtteil, wird nur der Freibetrag des längerlebenden Partners ausgeschöpft. Die Freibeträge der Kinder von je 400 000 Euro verfallen ungenutzt. Eheleute können das Problem zum Beispiel umgehen, indem sie im Testament Vermächtnisse zugunsten der Kinder anordnen, damit auch deren Freibeträge in Anspruch genommen werden. Im Zweifelsfall hilft ein Fachanwalt für Erbrecht weiter.

Problem Trennungslösung. Hier sind gleich drei Erbfälle zu versteuern: Zunächst muss der Vorerbe den Nachlass des Erstversterbenden beim sogenannten Vorerbfall versteuern, also wenn der erste Partner stirbt. Beim Tod des zweiten Partners – dem Nacherbfall – muss der Nacherbe den Nachlass des Erstversterbenden versteuern – und zusätzlich den Nachlass des Zweitversterbenden. Dieser Effekt wird lediglich dadurch abgemildert, dass den Nacherben jeweils die vollen Freibeträge von insgesamt 400 000 Euro je Kind und Elternteil zustehen.

Widerruf nur gemeinsam möglich

Das Testament ist nicht in Stein gemeißelt. Leben beide Partner, können sie es widerrufen: entweder einvernehmlich oder – falls nur ein Partner widerrufen möchte – durch notarielle Erklärung gegenüber dem anderen Ehepartner. Das Testament heimlich zu ändern ist dagegen nicht möglich. „Möchten beide Partner ein privatschriftliches

WAS ZU BEACHTEN IST

Gültig oder nicht?

Ehe- oder Lebenspartner. Verfasser eines Berliner Testaments müssen miteinander verheiratet oder eingetragene Lebenspartner sein. Ein vor der Hochzeit verfasstes gemeinschaftliches Testament wird nicht durch spätere Heirat gültig.

Scheidung. Lassen sich die Partner scheiden, wird das Berliner Testament in der Regel unwirksam.

Formvorschrift. Ein Partner verfasst das Testament handschriftlich, beide unterschreiben eigenhändig – mit Vor- und Familiennamen sowie unter Angabe von Ort und Datum.

Ausland. Nicht alle Länder erkennen das Berliner Testament an. Wenn Sie eine Immobilie im Ausland besitzen, sollten Sie diesen Punkt dringend bedenken.

Notar. Um Gültigkeit zu erlangen, muss das Berliner Testament nicht notariell beurkundet werden.

gemeinschaftliches Testament widerrufen, können sie auch einfach die Testamentsurkunde vernichten", erklärt Rechtsanwältin Christina Unterberger.

Achtung: Wenn einer der beiden Eheleute verstirbt, kann der andere das Testament nicht mehr ohne Weiteres ändern, widerrufen oder ein neues Testament aufsetzen. Diese Bindungswirkung entfällt nur, wenn der Längerlebende die Erbschaft ausschlägt oder das von ihm mitverfasste Testament anficht. Die Anfechtungsmöglichkeit kann im Testament ausgeschlossen werden.

„Deshalb sollten sich Eheleute bei der Errichtung eines Berliner Testaments stets Gedanken machen, ob zugunsten des Überlebenden ein ausdrücklicher Änderungsvorbehalt aufgenommen werden soll", rät Christina Unterberger.

Schutz vor neuer Ehe

Heiratet der überlebende Ehegatte erneut, ist auch der neue Partner pflichtteilsberechtigt. Dasselbe gilt für Kinder, die aus der neuen Ehe hervorgehen. Für die Kinder aus erster Ehe schrumpft damit die Erbschaft.

Um Ärger zu vermeiden, können Paare eine Wiederverheiratungsklausel in ihr Testament aufnehmen. Diese kann zum Beispiel bestimmen, dass die Kinder aus erster Ehe ihren vollen Erbteil erhalten, wenn der länger lebende Elternteil erneut heiratet.

Formulierungsbeispiel
Wiederverheiratungsklausel
Sollte sich mein/e Ehemann/Ehefrau wieder verheiraten, so hat er/sie unseren gemeinsamen Kindern ein Geldvermächtnis in Höhe des ihrem jeweiligen gesetzlichen Erbteil entsprechenden Bruchteils des Nachlasswertes des Erstversterbenden, berechnet auf den Zeitpunkt des Erbfalls, auszuzahlen. Ein eventuell ausgezahlter Pflichtteil soll hierauf verrechnet werden. Das jeweilige Vermächtnis ist innerhalb von x Monaten nach der Wiederheirat zur Zahlung fällig.

Erbvertrag: Sicher ohne Trauschein

Mit einem Erbvertrag können nichteheliche Lebensgefährten verbindlich festlegen, was sie einander hinterlassen. Auch in anderen Konstellationen kann er eine gute Option sein.

Liebe braucht keinen Trauschein. Nach dieser Devise leben derzeit in Deutschland zirka drei Millionen Paare unverheiratet zusammen. Im Erbrecht ist die nichteheliche Lebenspartnerschaft jedoch nicht vorgesehen. Für unverheiratete Paare gibt es keinerlei gesetzliche Absicherung – etwa einen Platz in der Erbfolge. Den Partnern bleibt es überlassen, Vorsorge für den Fall zu treffen, dass einer von ihnen verstirbt. So spricht nichts dagegen, den jeweils anderen im Rahmen eines Testamentes zu bedenken.

Sicherheit für beide Seiten

Anders als Ehegatten und eingetragene Lebenspartner dürfen Unverheiratete kein gemeinschaftliches Testament aufsetzen. Der einzige gemeinsame Weg, den anderen über den eigenen Tod hinaus abzusichern, ist ein Erbvertrag. Darin können sich beide gegenseitig zu Alleinerben bestimmen.

Formulierungsbeispiel
Alleinerbenregelung
Wir setzen uns gegenseitig vertragsmäßig zu Alleinerben für den Fall ein, dass unsere Partnerschaft beim Tod des Erstversterbenden noch besteht.

Ein Erbvertrag ist jedoch auch in anderen Konstellationen eine gute Option.
Beispiel: Soll der Erstgeborene das vom Vater gegründete Familienunternehmen nach dessen Tod erhalten, allerdings unter der Bedingung, dass er seine zwei Brüder in der Firma beschäftigt, können Vater und Sohn dies vertraglich verabreden.
Vorteil: Im Rahmen eines Erbvertrages gibt nicht nur der Erblasser eine Erklärung ab, sondern auch der Begünstigte. Übrigens: Einen Erbvertrag können auch mehr als zwei Personen abschließen. Vereinbarungen sind für alle Seiten verbindlich. Ein Testament dagegen setzt allein der Erblasser auf. Darin trifft er sämtliche Anordnungen allein. Ändert sich seine Lebenssituation, treten besondere Umstände ein oder plagt ihn einfach das schlechte Gewissen, kann er sein Testament ändern oder widerrufen.

Dagegen lässt sich ein Erbvertrag in der Regel nicht einseitig umgestalten oder aufheben. Das sorgt für Sicherheit, führt aber auch dazu, dass sich einmal getroffene Absprachen grundsätzlich nur gemeinsam ändern oder widerrufen lassen. Hintertürchen in Form von Änderungs- und Ausstiegsklauseln sind allerdings möglich.

Lebensgefährten sollten in ihrem Erbvertrag festlegen, ob nach dem Tod des einen Partners der andere ein Testament aufsetzen darf, das vom Erbvertrag abweicht, oder ob er an den Vertrag gebunden bleibt.

Gang zum Notar ist Pflicht

Erbverträge werden vor einem Notar geschlossen und von diesem beurkundet. Dafür müssen in der Regel beide Vertragspartner anwesend sein. Trifft jedoch nur ein Beteiligter erbrechtliche Verfügungen, indem er etwa Erben einsetzt, Vermächtnisse

UNSER RAT

Sicher und flexibel

Verfügung. Haben Sie einen Erbvertrag geschlossen, können Sie kein Testament mehr errichten. Bis zu Ihrem Tod dürfen Sie jedoch frei über Ihr Vermögen verfügen. Ausnahme: Wenn Sie einen vertraglich Begünstigten durch Schenkungen an eine andere Person absichtlich übergehen, kann er nach Ihrem Tod das Geschenkte zurückfordern.

Hintertür. Für Lebenslagen, in denen Sie nicht länger an den Erbvertrag gebunden sein möchten, sollten Sie mit Ihrem Vertragspartner die Möglichkeit des Rücktritts vereinbaren. Wichtig zu wissen: Bei Erbverträgen zwischen Unverheirateten reicht eine Trennung allein nicht aus, damit der Vertrag endet.

anordnet oder Auflagen erteilt, kann sich sein Gegenüber auch durch einen Bevollmächtigten vertreten lassen.

Den Erbvertrag können die Vertragspartner vom Notar verwahren lassen oder beim zuständigen Nachlassgericht in amtliche Verwahrung geben. Es erfolgt jeweils eine Meldung an das Zentrale Testamentsregister (ZTR) der Bundesnotarkammer.

Flexibel bleiben

Um einen bestehenden Erbvertrag zu Fall zu bringen, müssen die Vertragspartner vor dem Notar einen Aufhebungsvertrag schließen. Häufig ist es von Vorteil, von Beginn an flexibel zu bleiben und einander das Recht einzuräumen, von einzelnen Klauseln oder dem ganzen Vertrag zurückzutreten. In diesem Fall sollten die Vertragspartner genaue Regeln vereinbaren. Anton Steiner, Fachanwalt aus München, rät: „Das ist besonders für den Fall der Auflösung der Lebensgemeinschaft sehr zu empfehlen." Denn die Trennung macht einen Erbvertrag nicht automatisch unwirksam.

Formulierungsbeispiel

Rücktritt vom Erbvertrag

Jeder der Unterzeichnenden kann jederzeit und ohne Angabe von Gründen vom Erbvertrag zurücktreten.

Auch der Gesetzgeber sieht Umstände vor, unter denen eine Seite vom Erbvertrag zurücktreten kann. Konkret: Lässt sich ein Vertragspartner schwere Verfehlungen zuschulden kommen, ist das Gegenüber nicht mehr an den Vertrag gebunden. Das Gesetz nennt als Beispiel den Fall, dass der Begünstigte versucht hat, den Erblasser zu töten.

Ein Rücktritt ist persönlich vor dem Notar zu erklären. Möglich ist das nur bis zum Tod des jeweils anderen Vertragspartners.

Die getroffenen Vereinbarungen können Vertragspartner anfechten. Dafür sehen die gesetzlichen Vorschriften jedoch enge Grenzen und Fristen vor.
Beispiel: Wenn der Erbe den Erblasser bedroht und dadurch den Abschluss eines Erbvertrages erzwungen hat, kann der Erblasser die Vereinbarung innerhalb eines Jahres anfechten. Dann gilt der Vertrag als von Anfang an unwirksam.

Verzicht auf Pflichtteil oder Erbe

Durch einen Erbvertrag können sich unverheiratete Partner auch vor Ansprüchen gesetzlicher Erbberechtigter schützen, etwa vor eventuellen Ansprüchen der gemeinsamen Kinder. Eine Möglichkeit ist eine Pflichtteilsstrafklausel für die Kinder im Erbvertrag ihrer unverheirateten Eltern (zum Thema Pflichtteilsstrafklausel siehe auch „Gemeinsames Testament", Seite 54).

Formulierungsbeispiel
Pflichtteilsstrafklausel
Wir wünschen nicht, dass unsere Kinder nach dem Tod des Erstversterbenden ihren Pflichtteil verlangen. Verlangt eines der Kinder seinen Pflichtteil, so werden dieses Kind und dessen Nachkommen nicht Erben des Letztversterbenden.

Die Kinder können im Vertrag auch selbst zugunsten des überlebenden Elternteils auf ihr Erbe oder den Pflichtteil verzichten.

Formulierungsbeispiel
Erbverzicht
Die erschienenen Kinder Anna Peters und Benjamin Winkler verzichten hiermit gegenüber den erschienenen Eltern Karin und Arno Winkler auf ihr Erbrecht. Die erschienenen Karin und Arno Winkler nehmen diesen Verzicht hiermit an.

Auch einen solchen Verzicht muss ein Notar beurkunden. Meist erwartet der Verzichtende jedoch im Gegenzug eine Abfindung in Form von Geld oder anderen Vermögenswerten. Wer für die Zeit nach seinem Tod Streitigkeiten um Erbe und Pflichtteile befürchtet, kann diese so wirksam vermeiden.
Beispiel: Ein unverheiratetes Paar besitzt gemeinsam ein Haus. Stirbt einer der beiden, würde die Haushälfte des Verstorbenen direkt an die beiden gemeinsamen Kinder fallen, die damit machen könnten, was sie wollten. Es besteht die Gefahr, dass ein Kind oder beide den Verkauf des Hauses erzwingen. „Insbesondere besteht die Gefahr, dass ein Kind die Teilungsversteigerung beantragt", warnt Fachanwalt Steiner.

Um sich gegenseitig das Alleineigentum am Eigenheim zu sichern, setzen sich die Partner daher am besten als Alleinerben ein. Gleichzeitig verzichten ihre Kinder auf ihre gesetzlichen Ansprüche und erhalten dafür von ihren Eltern bereits zu Lebzeiten eine Abfindung – entweder in Geld oder in Sachwerten. Zweite Variante: Die Kinder verpflichten sich, so lange auf ihren Pflichtteil zu verzichten, wie ihre Eltern leben. Erst wenn beide gestorben sind, erben alle Kinder zu gleichen Teilen.
Aufpassen: Wer statt des Erbes eine Abfindung erhält, muss deren Wert als Schenkung versteuern (siehe „Erbschaftsteuer", Seite 76). Hinzu kommt: Der Verzicht auf das Erbrecht bedeutet den Ausschluss von der gesetzlichen Erbfolge. Der damit meist verbundene Pflichtteilsverzicht bewirkt, dass der Verzichtende von den Erben später nicht einmal seinen gesetzlichen Mindestanteil am Nachlass fordern kann. Der Erbverzicht

NICHTEHELICHE LEBENSPARTNER

Nicht leer ausgehen

Wohnrecht. Haben Lebenspartner gemeinsam in der Eigentumswohnung oder im Eigenheim des einen Partners gewohnt, kann der andere nach dessen Tod für einen Zeitraum von 30 Tagen die Immobilie weiternutzen. Nach dieser Schonfrist muss er jedoch damit rechnen, dass ihn die Erben vor die Tür setzen. Beide Partner können dies ausschließen, indem der Eigentümer der Immobilie seinem Lebenspartner in einem Testament ein befristetes oder lebenslanges Wohnrecht einräumt.

Vermächtnis. Ein Partner kann dem anderen per Testament oder Erbvertrag Teile seines Vermögens vermachen, etwa einen Geldbetrag, einen Gegenstand oder eine Immobilie. Der Partner wird dann nicht selbst Erbe, sondern kann das Vermachte von den Erben fordern. Diese sind verpflichtet, das Vermächtnis zu erfüllen.

Schenkung. Partner können sich Vermögenswerte bereits zu Lebzeiten schenken. Bei der Schenkung fallen Unverheiratete jedoch ebenso wie bei der Erbschaft in die ungünstigste Steuerklasse.

betrifft in der Regel auch Abkömmlinge und Verwandte des Verzichtenden. Verzichtet ein Erbe hingegen lediglich auf den Pflichtteil und nicht auf sein Erbrecht, führt dies weder zum Verlust des gesetzlichen Erbrechts, noch verändert es die gesetzliche Erbfolge. Deshalb kann ein solcher „isolierter Pflichtteilsverzicht" vorteilhafter sein.

Leistung mit Erbe belohnen

Angenommen, der künftige Erblasser stellt jemandem zu Lebzeiten sein Vermögen oder Teile davon in Aussicht, sofern dieser eine Gegenleistung erbringt. Das kann zum Beispiel der Fall sein, wenn der Erblasser einem Angehörigen als Dank für die häusliche Pflege seine Immobilie vererben will. Auch für solche Fälle eignet sich der Erbvertrag. Darin kann sich der Begünstigte etwa verpflichten, den Erblasser in einem bestimmten zeitlichen Umfang zu pflegen. Dieser wiederum sichert zu, dass die Immobilie nach seinem Tod Eigentum der Pflegeperson wird.
Vorteile: Der Erblasser kann bis zu seinem Tod frei über die Immobilie verfügen, und der Pflegende wird für seinen Aufwand belohnt. Kann oder will der Begünstigte irgendwann seine Pflicht nicht mehr erfüllen und stellt die Pflege ein, ist auch der Erblasser nicht mehr an den Erbvertrag gebunden.

Erbengemeinschaft: Besser vermeiden

Jedem einen Anteil am eigenen Vermögen zukommen zu lassen – ein verständlicher Wunsch. Doch ohne konkrete Vorgaben können sich die Erben schnell in die Haare geraten.

Erben, die sich um den Nachlass streiten, stellen jede Familie vor eine Zerreißprobe. Auslöser der Zwistigkeiten ist oft der Vererbende – und sein Wunsch, das eigene Vermögen unter seinen Lieben aufzuteilen. Zu glauben, diese würden sich schon friedlich einigen, entpuppt sich jedoch nicht selten als folgenschwerer Irrtum. Ohne detaillierte Regelungen kann bei der Verteilung des Erbes jede Menge schiefgehen.

Zweckbündnis auf Zeit

Sehen die gesetzliche Erbfolge, ein Testament oder ein Erbvertrag mehrere Erben vor, bilden diese automatisch eine Erbengemeinschaft. Deren Grundprinzip lautet: Allen gehört alles. Das bedeutet, dass über den Nachlass nur alle Erben der Gemeinschaft zusammen verfügen können. Juristen nennen das Gesamthandsgemeinschaft. „Bis auf wenige Ausnahmen ist es Sinn und Zweck jeder Erbengemeinschaft, sich auseinanderzusetzen – das heißt, sich über die Verteilung des Erbes zu einigen", sagt Ralf Mangold, Fachanwalt für Erbrecht aus Köln. Im Idealfall gelingt das einvernehmlich, dann löst sich die Zwangsgemeinschaft schnell wieder auf. In anderen Fällen ist der Weg zu einer Einigung lang und steinig.

„Ich unterscheide vier Phasen der Erbengemeinschaft", erklärt der Anwalt. „Zunächst ist festzustellen, wer alles Erbe geworden ist, danach der Umfang des Nachlasses. In der dritten Phase verwaltet die Gemeinschaft das Erbe gemeinsam, bis sich alle Erben einig sind, wer was bekommt und wann. Der vierte Schritt ist die Auseinandersetzung."

Wer erst gar nicht Mitglied einer Erbengemeinschaft werden will, hat nur eine Möglichkeit: Er muss sein Erbe ausschlagen.

UNSER RAT

Klar festlegen

Vermächtnis. Streit vermeiden können Sie, indem Sie eine Person zum alleinigen Erben und die anderen zu Vermächtnisnehmern bestimmen. In diesem Fall entsteht keine Erbengemeinschaft. Ihr Erbe muss die Vermächtnisse erfüllen, beispielsweise das vermachte Auto an den Begünstigten übertragen.

Vollmacht. Damit Ihre Erben nach Ihrem Tod schnellstmöglich handlungsfähig sind, erteilen Sie einem von ihnen schon zu Lebzeiten eine Bankvollmacht. So kann dieser über Ihr Bankkonto verfügen (siehe Seite 21).

Schenkung. Haben Sie einen Ihrer künftigen Erben bereits zu Lebzeiten beschenkt, ordnen Sie schriftlich an, ob seine Miterben einen finanziellen Ausgleich von ihm erhalten sollen oder nicht. So vermeiden Sie Beweisstreitigkeiten zwischen Ihren Erben.

Kaum Alleingänge möglich

Erben mehrere Personen, geht der Nachlass des Verstorbenen – der sowohl sein Vermögen als auch seine Schulden umfasst – zu gleichen Teilen an alle Miterben über.

Beispiel: Hubert Meier setzt seine beiden Kinder Frank und Andrea testamentarisch als Erben ein. Er hinterlässt ihnen ein Auto und ein wertvolles Gemälde. Beides gehört seinen Kindern gemeinschaftlich. Folglich erbt nicht Frank das Auto und Andrea das Gemälde oder umgekehrt, sondern beide beides. Das hat Folgen. „Jeder Miterbe kann nur über seinen Gesamtanteil an der Erbengemeinschaft, nicht aber über seinen Anteil an einzelnen Nachlassgegenständen verfügen", erklärt Fachanwalt Mangold. Möchte etwa Frank das Auto des Vaters veräußern, kann er dies nur, wenn auch Andrea mit dem Verkauf einverstanden ist.

Zwar kann ein Erbe nicht ohne Einwilligung der übrigen Erben einzelne Gegenstände aus dem Nachlass veräußern, sehr wohl aber seinen gesamten Anteil am Erbe. Den Verkauf muss ein Notar beurkunden.

Wenn ein Außenstehender den Anteil zum Kauf angeboten bekommt, können die Miterben eingreifen und ein Vorkaufsrecht geltend machen. Auf diesem Weg würden sie gemeinsam den Anteil des Abtrünnigen erhalten. Dafür haben die Miterben zwei Monate Zeit – gerechnet ab dem Moment, in dem sie über den geplanten Ausstieg informiert worden sind.

Nehmen die Miterben ihr Vorkaufsrecht nicht wahr, tritt der Käufer in die Rechtsstellung des bisherigen Erben ein und gehört nun der Erbengemeinschaft an. Dasselbe gilt, wenn ein Dritter einen Anteil am Nachlass geschenkt bekommt.

Wichtig: Will ein Miterbe seinen Erbanteil verschenken, können die anderen das auch nicht durch ein Vorkaufsrecht verhindern.

Im Zweifel wird abgestimmt

Geht es an das Verwalten des Nachlasses, führt schon das oft zum Streit. Zum Zankapfel kann etwa die Räum- und Streupflicht für ein geerbtes Grundstück oder das Vermieten einer Wohnung werden.

Mitglieder einer Erbengemeinschaft müssen Entscheidungen, die zum Erhalt oder zur Sicherung des Nachlasses dienen, in der Regel gemeinsam treffen. Sind sie sich nicht einig, wird abgestimmt. Dabei zählt jedoch nicht jeder Miterbe gleich, sondern entsprechend seiner Erbquote, das heißt seinem Anteil am Nachlass.

Beispiel: Hans-Jürgen Hoffmann verstirbt und hinterlässt Ehefrau Jutta sowie die Söhne Mark und Oliver. Für die Eheleute galt der gesetzliche Güterstand der Zugewinngemeinschaft. Jutta erbt laut Gesetz die Hälfte, die Söhne jeweils ein Viertel. Alle drei bilden eine Erbengemeinschaft mit den entsprechenden Quoten. Juttas Stimme würde bei Abstimmungen genauso viel zählen wie die Stimmen ihrer Söhne zusammen.

Mehrheitlich oder einstimmig

Für Maßnahmen im Rahmen der laufenden Verwaltung ohne große wirtschaftliche Bedeutung, etwa kleine Reparaturaufträge, reicht eine einfache Mehrheit. Schwerwiegende Beschlüsse, wie die Aufteilung des geerbten Mietshauses in Eigentumswohnungen, sind einstimmig zu treffen. Nur im Notfall, etwa bei einem Rohrbruch im vererbten Haus, darf ein Miterbe allein entscheiden und dringende Maßnahmen einleiten.

Für die Abstimmung ist keine Form vorgeschrieben. So können die Miterben eine Entscheidung auch am Telefon treffen. Wichtig: Jeder Miterbe ist verpflichtet, an der Verwaltung mitzuwirken. Drückt er sich, kann ein Gericht ihn dazu verdonnern.

Detailliert regeln

Eine Erbengemeinschaft bietet viel Konfliktpotenzial. Meinungsverschiedenheiten führen oft zu erbittertem Streit, der so manche Familie vor Gericht zerbrechen ließ.

Tipp: Auch wenn Sie mit der gesetzlichen Erbfolge einverstanden sind, weil nach Ihrem Tod etwa Ihre Ehefrau und Ihre Kinder gemeinsam erben würden: Verfügen Sie, wie Ihr Nachlass genau verteilt werden soll. Das Gesetz sagt nur, wer erbt und wie viel – jedoch nicht, wie die Erben das Vermögen verwalten und aufteilen sollen.

Der Erblasser kann dafür eine Teilungsanordnung treffen. In dieser werden die Erben verpflichtet, ihr gemeinschaftliches Eigentum nach dem Willen des Verstorbenen aufzuteilen.

Formulierungsbeispiel

Teilungsanordnung

Ich setze zu meinen alleinigen Vollerben je zur Hälfte meine Kinder Thomas Böhm und Lisa Engel, geb. Böhm, ein.

Für die Auseinandersetzung der Erbengemeinschaft ordne ich Folgendes an: Thomas erhält im Wege der Teilungsanordnung und somit in Anrechnung auf seinen Erbteil die Eigentumswohnung in Berlin-Spandau. Lisa erhält im Wege der Teilungsanordnung und somit in Anrechnung auf ihren Erbteil das Wertpapierdepot Nr. 12345678910 bei der Gutgeld Bank in Berlin mit dem Bestand am Todestag.

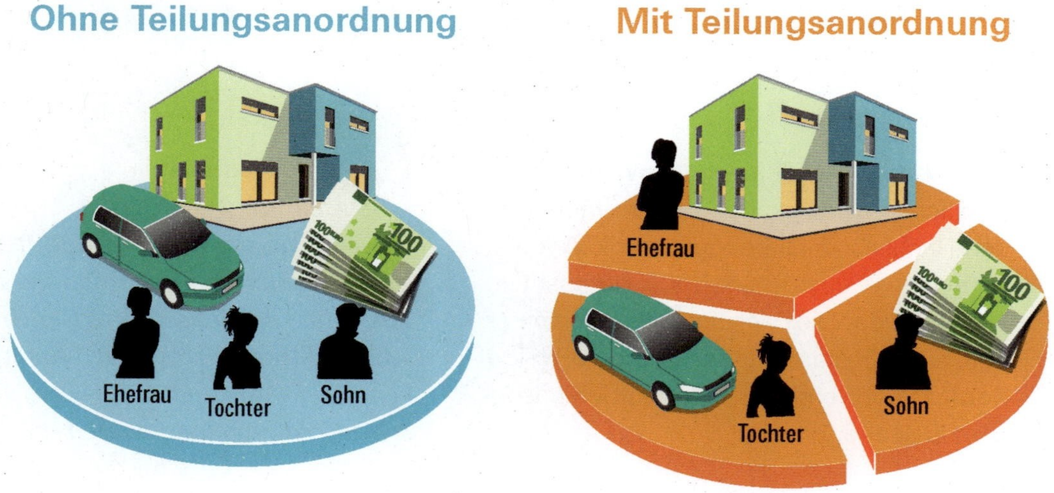

Nachlass konkret aufteilen. Beispiel: Ein Ehemann und Vater stirbt. Seine Ehefrau erbt mit Sohn und Tochter. Ohne Teilungsanordnung des Erblassers müssen sich die drei einigen, wer was bekommt.

Wichtig: Erhält ein Erbe bezüglich der ihm zugeteilten Nachlassgegenstände wertmäßig mehr, als es seiner Erbquote entspricht, muss er gegenüber seinen Miterben die Differenz ausgleichen.

Formulierungsbeispiel
Ausgleichsklausel
Eine sich ergebende Wertdifferenz bezüglich der zugeteilten Vermögensgegenstände ist finanziell unter meinen Kindern auszugleichen. Dies soll zunächst dadurch erfolgen, dass das Kind, das den höheren Wert erhalten hat, bei der Verteilung des übrigen Nachlasses entsprechend weniger erhält.
Nur dann, wenn kein ausreichender Nachlass vorhanden sein sollte, muss eine entsprechende Zahlung aus dem Eigenvermögen desjenigen Kindes erfolgen, das eine höhere Zuwendung erhalten hat. Diese Zahlungsverpflichtung stellt ein Vermächtnis zugunsten desjenigen Kindes dar, das eine geringere Zuwendung erhalten hat.

Der Erblasser kann aber vorab auch bestimmen, dass es keinerlei Wertausgleich geben soll. Will er darüber hinaus einen Erben gegenüber den anderen bevorzugen, kann er ein Vorausvermächtnis anordnen (siehe „Erben begünstigen", Seite 26). Damit wendet er seinem Günstling einen bestimmten Gegenstand zu, ohne dass dieser später auf dessen Erbteil angerechnet würde.

Darüber hinaus kann der Vererbende eine Teilung von Vermögenswerten von vornherein ausschließen. Das bietet sich etwa in Fällen an, in denen er seinen Firmenbesitz oder eine Immobilie langfristig sichern möchte. Ein solcher Ausschluss ist grundsätzlich für bis zu 30 Jahre möglich.

Unterstützung einholen

Angenommen, der Vererbende vermutet zu Lebzeiten, dass seine Erben sich nicht ohne Weiteres einig werden, was mit dem Nachlass passieren soll. Dann kann er einen Testamentsvollstrecker einsetzen. Dieser würde nach seinem Tod das Vermögen ordnungsgemäß in seinem Sinne aufteilen (siehe „Testamentsvollstrecker", Seite 35).

Eine weitere Möglichkeit, langwierigen und hässlichen Streitigkeiten seiner Erben um den Nachlass vorzubeugen, ist die Anordnung eines Schiedsverfahrens seitens des Vererbenden. Dies geschieht mithilfe einer Klausel im Testament, der zufolge etwaige Konflikte vor einem neutralen Schiedsgericht auszutragen sind.

Formulierungsbeispiel

Schiedsklausel

Ich ordne an, dass alle Streitigkeiten, die durch meinen Erbfall hervorgerufen werden, unter Ausschluss der ordentlichen Gerichte der Deutschen Schiedsgerichtsbarkeit für Erbstreitigkeiten e. V. (DSE) und ihrer jeweils gültigen Schiedsordnung unterworfen sind.

Patchworkfamilie: Besser für alle

Wenn zwei halbe Familien zu einer ganzen werden, sind klare Spielregeln unerlässlich. Auch wenn es ums Erben geht.

Vater, Mutter, Kind: So sah eine Bilderbuchfamilie früher aus. Heute ist dieses Modell nur noch eines von vielen. Präzise Zahlen lassen sich zwar schwer ermitteln. Das Bundesfamilienministerium geht mittlerweile jedoch davon aus, dass zwischen 7 und 13 Prozent der Familien in Deutschland ein Patchworkmuster haben – also aus mehreren Teilfamilien entstanden sind. Die neue Freiheit macht Familien bunter, stellt sie aber auch vor Belastungsproben.

Brisante Mischung

Bringen Partner leibliche Kinder mit in ihre neue Beziehung, sind Reibereien mit Stiefeltern oder -geschwistern nicht auszuschließen. Spätestens wenn die Eltern noch gemeinsamen Nachwuchs bekommen, können die Dinge dann schon mal richtig kompliziert werden.

„Je bunter und individueller die familiäre Situation ist, desto wichtiger sind maßgeschneiderte Regelungen. Sie helfen, die Besonderheiten der Patchworkfamilie zu berücksichtigen", sagt Julia Roglmeier, Fachanwältin für Erbrecht aus München. „Das gilt auch und besonders für die Frage, wer nach dem Tod der Eltern erben soll."

Aufs Gesetz verlassen sollte sich in solchen Konstellationen niemand. Das altehrwürdige Bürgerliche Gesetzbuch (BGB) ist noch streng auf das traditionelle Familienbild zugeschnitten. Es begünstigt ausschließlich den überlebenden Ehegatten und die leiblichen Kinder eines Verstorbenen. Unverheiratete Partner und Stiefkinder gehen hingegen vollkommen leer aus. Ihnen steht noch nicht einmal ein Pflichtteil zu.

Und die Ungerechtigkeiten gehen noch weiter: Denn nach dem Tod des zweiten Partners kommen allein dessen leibliche Nachkommen zum Zug. Der verbleibende Nachlass ist laut BGB ausschließlich unter ihnen aufzuteilen, während die Stiefgeschwister das Nachsehen haben. „Ohne Testament entscheidet der Zufall, welcher Familienstrang im Todesfall begünstigt wird", warnt Rechtsanwältin Julia Roglmeier.

UNSER RAT

Selbst regeln

Initiative ergreifen. Das BGB ist nicht auf Patchworkfamilien zugeschnitten. Überlassen Sie es nicht dem Zufall, wer nach Ihrem Tod Ihr Vermögen erbt: Erstellen Sie frühzeitig ein passgenaues Testament.

Offen kommunizieren. Beziehen Sie nach Möglichkeit alle Beteiligten in die Nachlassplanung ein. Erklären Sie Ihre Entscheidungen und versöhnen Sie enterbte Nachkommen durch eine Abfindungszahlung oder ein großzügiges Vermächtnis.

Sicherheit schaffen. Klären Sie, welche Rechte Ihrem Ex-Partner zustehen – und wie Sie gegensteuern können.

Frühzeitig für Klarheit sorgen

Wie ungünstig sich solch ein Zufall auswirken kann, macht folgendes Beispiel einer Patchworkfamilie deutlich: Ein Mann und eine Frau sind beide in zweiter Ehe miteinander verheiratet. Er hat zwei Söhne mit in die Ehe gebracht, sie zwei Töchter. Die gesetzliche Erbfolge sähe in diesem Fall so aus: Stirbt der Mann zuerst, erbt die Frau die Hälfte seines Vermögens und bekommt zudem die wichtigsten Hausratsgegenstände aus der gemeinsamen Wohnung. Die Söhne erhalten jeweils 25 Prozent des väterlichen Vermögens. Stirbt anschließend die Frau, erben ihre Töchter den Rest des Nachlasses. Die Söhne des Mannes erhalten vom verbliebenen Vermögen ihres Vaters nichts mehr – und beerben auch ihre Stiefmutter nicht.

Noch unübersichtlicher wird die Situation, wenn besagtes Paar noch ein gemeinsames Kind bekommt. Um ungewollte und ungerechte Vermögensverschiebungen zu verhindern, sollten Patchworkeltern genau niederlegen, wer sie einmal beerben und wer außen vor bleiben soll. Einfach ist das nicht. Während Paare mit ausschließlich gemeinsamen Kindern meist an einem Strang ziehen, haben Patchworkeltern oft unterschiedliche Interessen und komplexe Fragen zu bedenken. Wollen sie vor allem die leiblichen Kinder versorgen oder sollen für alle dieselben Regeln gelten?

Erst der Partner, dann die Kinder

„Meist geht es Patchworkeltern in erster Linie darum, den überlebenden Partner abzusichern", sagt Julia Roglmeier. „Die Kinder sollen erst dann zum Zug kommen, wenn auch dieser gestorben ist."

Zu diesem Zweck eignet sich für Ehepaare ein gemeinsames Testament, für Unverheiratete ist ein Erbvertrag ratsam. Sollen alle Kinder, also sowohl gemeinsame als auch die aus früheren Beziehungen, gleich behandelt werden, genügt eine vergleichsweise einfache Anordnung.

Formulierungsbeispiel
Partner absichern
Wir bestimmen uns gegenseitig zu Alleinerben. Zu Schlusserben nach dem Letztversterbenden setzen wir unsere Kinder Max und Moritz Müller, Hanne und Lore Meier sowie unsere gemeinsame Tochter Frieda zu gleichen Teilen ein.

Wollen Eltern dagegen zwischen Kindern und Stiefkindern differenzieren, empfiehlt sich eine sogenannte Vor- und Nacherbschaft. Sie bewirkt, dass der länger lebende Partner zunächst den gesamten Nachlass erhält. Nach dessen Tod fällt das Vermögen, das er vom Partner geerbt hat, an diejenigen Sprösslinge, die als Nacherben benannt wurden – und nicht automatisch an die leiblichen Kinder des zuletzt Verstorbenen.

„Eine Vor- und Nacherbschaft bietet sich immer dann an, wenn Eltern das Familienvermögen vor allem für den gemeinsamen Nachwuchs erhalten wollen, während Stiefkinder oder auch Sprösslinge aus früheren Beziehungen außen vor bleiben sollen", erläutert Rechtsanwältin Julia Roglmeier.

Formulierungsbeispiel
Vor- und Nacherbschaft
Wir setzen uns gegenseitig zu Alleinerben ein, allerdings sind wir jeweils nur Vorerben. Alleinige Nacherbin und Schlusserbin ist unsere gemeinsame Tochter Frieda.

Enthält das Testament einen solchen Passus, sind die jeweiligen Kinder aus erster Ehe enterbt und können nur ihren Pflichtteil verlangen. Auch in dieser Hinsicht bietet die Vor- und Nacherbschaft einen entscheidenden Vorteil: „Sie trennt das ererbte vom sonstigen Vermögen des Hinterbliebenen", erklärt Julia Roglmeier. Die Pflichtteilsansprüche enterbter Kinder beziehen sich nur auf das eigene Vermögen des Längerlebenden – nicht aber auf das, was er von seinem Partner geerbt hat.

Den Ex ausbremsen

→ Hinterlässt ein Elternteil ein minderjähriges Kind als Erben, bekommt im Normalfall der/die Ex die Vermögenssorge für das Erbe des Kindes – und damit Zugriff auf den Nachlass. Das ist vermeidbar. Formulierungsbeispiel: „Der Mutter von Max, Jutta Müller, wird gemäß § 1638 BGB das elterliche Vermögensverwaltungsrecht bezüglich aller Vermögensgegenstände und Rechte entzogen, die Max am Nachlass des Vaters erwirbt."

→ Denkbar ist es auch, einen Testamentsvollstrecker zu benennen, der mindestens bis zur Volljährigkeit des Kindes die Hand über das Vermögen hält (siehe „Testamentsvollstrecker", Seite 35).

→ Per Gesetz wird der Ex-Partner zum Erbe, wenn das gemeinsame Kind ums Leben kommt, nachdem es den zuerst verstorbenen Elternteil beerbt hat. Um das zu verhindern, empfiehlt es sich, den Sprössling zum Vorerben und einen Dritten zum Nacherben zu bestimmen. Etwaige Pflichtteilsansprüche des Verflossenen gegenüber dem Kind (siehe „Pflichtteil", Seite 50) lassen sich jedoch auch mit dem besten Testament nicht aushebeln.

Vorsicht, Pflichtteil

Bedenken sollten Patchworkeltern auch, dass ihre als Nacherben eingesetzten Kinder nach dem Tod des erstversterbenden Partners erst einmal leer ausgehen und vom Überlebenden ihren Pflichtteil verlangen können. Das kann zu erheblichen Schwierigkeiten führen (siehe Kasten „Verzicht aushandeln" rechts).

Abhilfe schafft meist eine sogenannte Pflichtteilsstrafklausel im Testament (siehe Formulierungsbeispiel, Seite 56). Diese sanktioniert ein solches Verhalten mit dem Verlust aller weiteren Rechte am Nachlass und macht das Einfordern des Pflichtteils damit ausgesprochen unattraktiv.

Offen reden statt verfügen

Die ideale Lösung für Patchworkfamilien ist es jedoch, wenn alle Beteiligten schon zu Lebzeiten beider Eltern eine gemeinsame Nachfolgelösung erarbeiten. Wichtig: Nur weil jemand nicht erbt, heißt das nicht, dass er leer ausgehen muss. Oft ist es für Kinder sogar angenehmer, einzelne Gegenstände vermacht zu bekommen. Anders als mit einer Erbschaft sind mit einem Vermächtnis nur überschaubare Pflichten verbunden.

Derartige Planungen sollten Patchworkeltern ihren Kindern beizeiten klar kommunizieren, um Eifersüchteleien und Familienfehden zu vermeiden.

PFLICHTTEIL ALS KLOTZ AM BEIN

Verzicht aushandeln

Pflichtteil beachten. Enterbten Kindern gewährt das Gesetz eine Mindestteilhabe am Nachlass. Das sorgt oft für Ärger. „Pflichtteilsansprüche sind stets in Geld zu begleichen", sagt Nina Lenz-Brendel, Fachanwältin für Erbrecht in Mannheim. Liquiditätsprobleme sind dann programmiert, wenn ein Großteil des Nachlasses aus Immobilien oder anderen Sachwerten besteht. „Oft lassen sich die Schulden bei enterbten Verwandten nur begleichen, indem das Erbe unter erheblichen Verlusten versilbert wird", warnt die Juristin.

Vertrag abschließen. Sinnvoll ist es deshalb, mit den betreffenden Kindern bereits zu Lebzeiten einen Pflichtteilsverzicht zu vereinbaren und ihnen eine Entschädigung zu zahlen. Wichtig: Damit der Vertrag wirksam ist, muss ihn ein Notar beurkunden. Zudem sollten die Kinder volljährig sein. „Bei Minderjährigen müsste dem Verzicht zusätzlich ein Gericht zustimmen", erklärt Anwältin Lenz-Brendel. In der Praxis sei das aber so gut wie ausgeschlossen.

Enterben: Familienkrach mit Folgen

Ist die Beziehung zerrüttet, wünschen sich viele, dass ein Kind oder der Partner nach dem Tod leer ausgeht. Doch das ist nur selten möglich.

Der Satz klingt wie aus einem Film: „Du bist enterbt." Oft steht er am Ende einer langen Geschichte von Streit und Missverständnissen und als Folge davon Enttäuschung und Entfremdung. „Manchmal ist es ein Versuch des Erblassers, den Betroffenen zu erziehen, ihn dazu zu bringen, etwas zu tun oder zu lassen", sagt Stephan Konrad, Fachanwalt für Erbrecht und Mediator. „Manchmal geht es aber auch schlicht darum, Macht auszuüben."

Was viele nicht wissen: Jemanden zu enterben bedeutet nicht zwangsläufig, dass diese Person tatsächlich leer ausgeht. Da kann die Beziehung noch so zerrüttet sein: Schließt der Vererbende einen nahen Verwandten von der gesetzlichen Erbfolge aus, kann dieser einen Mindestanteil am Nachlass einfordern, den sogenannten Pflichtteil.

UNSER RAT

Den Pflichtteil mindern

Entziehen. Wer als naher Verwandter enterbt ist, bekommt immerhin noch seinen Pflichtteil. Den können Sie nur entziehen, wenn schwerwiegende, im Bürgerlichen Gesetzbuch genannte Gründe vorliegen. Enttäuschung, Trauer und Entfremdung gehören nicht dazu.

Schenken. Ansprüche des Pflichtteilsberechtigten können Sie verkleinern, indem Sie Ihr Vermögen oder Teile davon frühzeitig verschenken.

Dieser steht zum Beispiel seinen Kindern, seinem Ehepartner und seinen Eltern zu – seinen Geschwistern dagegen nicht. Der Pflichtteil umfasst die Hälfte des gesetzlichen Erbteils. Die konkrete Höhe hängt vom Verwandtschaftsverhältnis und der Zahl der Erben ab (siehe „Pflichtteil", Seite 50).

Vielen Deutschen ist diese Regelung ein Dorn im Auge. Laut einer Studie des Instituts für Demoskopie Allensbach aus dem Jahr 2013 ist fast jeder Dritte dafür, den gesetzlich festgelegten Pflichtteil für Erbschaften abzuschaffen.

Erbteil nein, Pflichtteil ja

Jemanden zu enterben, damit er nur den Pflichtteil erhält, ist nicht schwer: „Entweder ordnet der Vererbende in seinem Testament an, dass das unliebsame Kind oder der unliebsame Partner von der Erbschaft ausgeschlossen sein soll, oder er bedenkt denjenigen einfach nicht", sagt Stephan Konrad.

Formulierungsbeispiel

Mein letzter Wille

Meine Tochter Silvia soll nichts erben.

Kiel, den 15. März 2018
Petra Schreiber

Damit wird die enterbte Person von der gesetzlichen Erbfolge ausgeschlossen. An deren Stelle treten andere gesetzliche oder testamentarisch eingesetzte Erben. Gründe dafür muss der Vererbende nicht angeben.

Hohe Hürden

Den Pflichtteil kann der Vererbende Angehörigen nur unter engen, im Gesetz festgelegten Voraussetzungen entziehen. Streit oder eine zerrüttete Beziehung gehören nicht dazu. Hier geht es um sehr viel schwerwiegendere Vorkommnisse.

Jemandem den Pflichtteil zu entziehen kommt zum Beispiel in Betracht, wenn

→ der Pflichtteilsberechtigte dem Vererbenden oder einer ihm nahestehenden Person nach dem Leben trachtet oder

→ der Pflichtteilsberechtigte wegen einer vorsätzlichen Straftat zu einer Freiheitsstrafe von mindestens einem Jahr ohne Bewährung verurteilt wurde.

Der Vererbende muss den Entzug des Pflichtteils im Testament oder Erbvertrag anordnen und den Grund dafür konkret beschreiben. Ansonsten besteht schnell die Gefahr, dass die Regelung unwirksam ist und der Pflichtteil doch fällig wird.

Formulierungsbeispiel

Entziehung des Pflichtteils

Hiermit entziehe ich meinem Sohn Florian den Pflichtteil. Er hat am 17. September 2014 meine zweite Ehefrau Marianne überfallen, mit einer Pistole bedroht und beraubt. Er wurde deshalb wegen schweren Raubes nach § 250 StGB am 25. November 2015 vom Landgericht Berlin (Aktenzeichen: XXX) zu einer mehrjährigen Haftstrafe verurteilt.

Hat der Vererbende dem Missetäter verziehen, darf er ihm den Pflichtteil nicht vorenthalten. Dafür ist keine förmliche Versöhnung nötig, zum Beispiel durch einen Brief. Es genügt, wenn der Vererbende deutlich gemacht hatte, dass er dem Pflichtteilsberechtigen die Verfehlung nicht mehr nachtrug.

In seltenen Fällen müssen die Erben nach dem Tod des Erblassers dafür sorgen, dass ein Pflichtteilsberechtigter nichts vom Vermögen bekommt – etwa wenn dieser den Erblasser gezwungen hat, ein Testament oder einen Erbvertrag aufzusetzen oder ihn im Extremfall sogar getötet hat. Dazu müssen die Erben vor Gericht feststellen lassen, dass der Berechtigte „erbunwürdig" ist.

Pflichtteil durch Schenken verringern

Konflikte und schwere Zerwürfnisse sind in der Praxis oft anzutreffen – Gründe, die den Entzug des Pflichtteils oder den Vorwurf der Erbunwürdigkeit rechtfertigen würden, dagegen nur selten. Viele, die etwas zu vererben haben, suchen deshalb nach anderen Wegen, um ungeliebten Angehörigen nichts zukommen lassen zu müssen.

So verschenkt mancher bereits zu Lebzeiten sein Hab und Gut, um den späteren Nachlass und damit den Pflichtteil zu verkleinern. Das ist ein geeignetes und Erfolg versprechendes Vorgehen – wenn der Schenkende früh genug damit anfängt.

Zu beachten ist: Wer zu Lebzeiten Vermögen verschenkt, kann den Anspruch auf einen Pflichtteil nicht beliebig aushöhlen. Unliebsame Angehörige sind durch Pflichtteilsergänzungsansprüche geschützt. Die meisten Schenkungen, die ein Vererbender in den letzten zehn Jahren vor seinem Tod veranlasst hat, werden zu seinem Nachlass gezählt und erhöhen so den Pflichtteilsanspruch. Ausgenommen sind lediglich kleinere Geschenke, zum Beispiel zur Hochzeit.

Aber: Je länger eine Schenkung zurückliegt, desto geringer ist der Wertanteil, der in die Berechnung des Pflichtteils einfließt. Wer also früh genug mit dem Schenken anfängt, kann den Pflichtteil verkleinern oder sogar ganz loswerden. Verstirbt der Schenker im ersten Jahr nach der Schenkung, fließt deren Gesamtwert in die Berechnung ein. Stirbt der Schenker im zweiten Jahr nach der Schenkung, sind es 90 Prozent des Wertes, im dritten Jahr 80 Prozent und so weiter. Nach zehn Jahren spielt die Schenkung für den Pflichtteil keine Rolle mehr.

Vorsicht bei verschenkten Immobilien: Hat sich der ehemalige Eigentümer zum Beispiel einen Nießbrauch, also ein Wohn- beziehungsweise Nutzungsrecht, vorbehalten, läuft die Frist nicht. Das Haus oder die Wohnung zählt bei der Berechnung des Pflichtteils mit – selbst wenn seit der Schenkung bereits zehn Jahre vergangen sind.

Die Frist läuft ebenso wenig, wenn sich Ehepartner gegenseitig Geschenke machen, etwa um den Pflichtteil vor- oder außerehelicher Kinder zu verkleinern. Sie beginnt erst, wenn die Ehe aufgelöst ist.

Mit Anwaltshilfe Vermögen retten

„Neben der Schenkung gibt es weitere Möglichkeiten, den Pflichtteil auszuschließen", sagt Rechtsanwalt Stephan Konrad. „Der Erblasser kann etwa mit dem Pflichtteilsberechtigten vereinbaren, dass dieser gegen Abfindung auf seinen Pflichtteil verzichtet." Ein Pflichtteilsverzicht ist aber nur möglich, wenn sich der Berechtigte darauf einlässt.

Rechtsanwälte kennen noch weitere Strategien, den Pflichtteil zu verringern. Dazu gehören etwa eine Heirat oder Adoption, denn durch beide lässt sich der Kreis der Pflichtteilsberechtigten erweitern, was wiederum den Pflichtteil kleiner macht.

Gemeinnützig vererben: Eine echte Herzenssache

Jeder zehnte Deutsche über 60 Jahre möchte, dass sein Vermögen später einem guten Zweck dient. Entscheidend dafür sind die Auswahl des Empfängers und klare Regelungen.

Anderen zu helfen – sei es durch Spenden oder persönlichen Einsatz – ist für viele eine Herzensangelegenheit. Manche Menschen möchten das auch über ihren Tod hinaus tun und Vermögen an eine gemeinnützige Organisation vererben. Diese Möglichkeit ist nicht nur für Alleinstehende und Kinderlose interessant. Auch Menschen, die sowohl Angehörige bedenken als auch Bedürftige unterstützen wollen, können ihr Testament entsprechend gestalten.

Nicht immer ist es einfach, einen geeigneten Empfänger zu finden. Zur Wahl stehen etwa Kinderhilfswerke, Tier- und Umweltschutzvereine, Einrichtungen der Entwicklungshilfe und Denkmalpflege.

Eine mittlerweile 23 Organisationen umfassende Initiative, die das gemeinnützige

Vererben fördern möchte und Interessierten Beratung und Unterstützung bietet, ist „Mein Erbe tut Gutes. Das Prinzip Apfelbaum" (im Internet: www.mein-erbe-tut-gutes.de). Dahinter stecken unter anderem Ärzte ohne Grenzen, die SOS-Kinderdörfer weltweit und Greenpeace.

Auf Transparenz und Kosten achten

Damit Ihr Erbe bei den Richtigen ankommt, sollten Sie bei der Wahl einer Organisation immer auch auf die harten Fakten schauen und nicht einfach Ihrem Herzen folgen. Die Organisation sollte als gemeinnützig anerkannt sein und auf ihrer Webseite ausführlich über Projekte, Vorstand und Kontrollorgane informieren sowie Einnahmen und Ausgaben genau aufschlüsseln. Auch ein Blick auf die Verwaltungs- und Werbekostenquote lohnt sich. Diese sollte auf keinen Fall mehr als 35 Prozent der Gesamtausgaben betragen. Je niedriger die Quote, desto mehr Geld fließt in den eigentlichen Zweck.

Außerdem können sich künftige Erblasser auch an die Spenderberatung der Stiftung Deutsches Zentralinstitut für soziale Fragen (DZI) wenden. Das DZI prüft unter anderem, wie gemeinnützige Organisationen ihre Spendengelder verwenden. Für eine Organisation spricht zudem, wenn sie das DZI-Spenden-Siegel trägt, die Initiative Transparente Zivilgesellschaft unterzeichnet hat, Mitglied im Deutschen Spendenrat oder im Verband Entwicklungspolitik und Humanitäre Hilfe deutscher Nichtregierungsorganisationen (VENRO) ist.

Tipp: Auch wenn der erste Eindruck überzeugt, sollten Sie unbedingt das persönliche Gespräch suchen. Viele Organisationen haben mittlerweile Ansprechpartner zum Thema gemeinnütziges Vererben.

Vererben oder Vermachen?

Wer einer Organisation Vermögen übertragen will, sollte Einzelheiten unbedingt in einem Testament oder Erbvertrag regeln. Geht es nur um einen Teil des Vermögens, empfiehlt sich ein Vermächtnis innerhalb des Testaments. Die Organisation wird dann nicht Erbin, sondern kann den vermachten Betrag oder Gegenstand von den Erben einfordern. Diese sind verpflichtet, das Vermächtnis zu erfüllen. Wichtig ist, im Testament deutlich zwischen Vererben und Vermachen zu unterscheiden und auf die richtige Formulierung zu achten (siehe „Vermachen, nicht vererben", Seite 25).

Eine Organisation kann auch Miterbin in einer Erbengemeinschaft sein. In diesem Fall ist es ratsam, einen Testamentsvollstrecker zu bestimmen, der das Erbe nach dem Willen des Erblassers verteilt.

Erhält eine Organisation den gesamten Nachlass, liegt die Erfüllung des letzten Willens in ihrer Hand. Auf Wunsch des Erblassers kümmert sie sich auch um Wohnungsauflösung, Bestattung und Grabpflege.

Steuerfrei zum guten Zweck

Hat das Finanzamt eine Organisation als gemeinnützig anerkannt, ist diese von der Erbschaftsteuer befreit. Ein etwaiges Erbe oder Vermächtnis kommt dann in voller Höhe wohltätigen Zwecken zugute.

Wie viel verlangt das Finanzamt?

Nur wenn das Erbe bestimmte Freibeträge übersteigt, verlangt das Finanzamt einen Anteil. Wie hoch dieser ausfällt, hängt davon ab, wer erbt und wie viel es ist. Vor allem, wenn Sie vermögend sind, kann es für Ihre Erben richtig kostspielig werden. Dann lohnt es sich, wenn Sie sich frühzeitig mit diesem Thema beschäftigen. Denn oft lässt sich der Anteil des Fiskus mit einfachen Mitteln kleiner halten.

Die Erbschaftsteuer

In den nächsten Jahren können viele Deutsche mit einer größeren Erbschaft rechnen. Für manche wird das richtig teuer.

Dank hoher Freibeträge bleiben zwar Erbschaften im Familienkreis in vielen Fällen steuerfrei. Doch ist das Vermögen sehr groß oder erben entfernte Verwandte, kassiert das Finanzamt oft mit.

Steuern werden dann fällig, wenn Vermögen ohne Gegenleistung übertragen wird, also auch bei Schenkungen zu Lebzeiten, und dessen Wert bestimmte Freigrenzen übersteigt. Faustregel: Je näher der Erbe mit dem Verstorbenen verwandt ist, desto höher ist sein Freibetrag und desto niedriger fällt seine Steuerlast aus.

Wer sich frühzeitig Gedanken macht und die richtigen Konsequenzen zieht, kann seinen Nachkommen die Steuern ersparen oder sie zumindest begrenzen. Je nach Verwandtschaftsverhältnis und Vermögenshöhe eignen sich unterschiedliche Strategien.

Hohe Freibeträge für nahe Verwandte

Soll das Vermögen im engsten Familienkreis übertragen werden, muss sich der Erblasser im Vorfeld meist keine Gedanken machen. In der Regel reichen hier die hohen Freibeträge der Erben aus. Dank des allgemeinen Steuerfreibetrags können beispielsweise Ehe- oder gesetzliche Lebenspartner vom jeweils anderen bis zu 500 000 Euro erben, ohne dass auch nur ein Cent Steuer anfällt. Kinder erben pro Elternteil bis zu 400 000 Euro steuerfrei (siehe Tabelle „Freibeträge" rechts).

Wie hoch der Freibetrag ist, hängt von Verwandtschaftsverhältnis und Familienstand ab. Der Gesetzgeber ordnet Erben und Beschenkte drei Steuerklassen zu: Ehepartner, eingetragene Lebenspartner, Kinder und Enkel haben die beste Steuerklasse I mit allgemeinen Freibeträgen bis zu 500 000 Euro. Das gilt im Erbfall auch für die Eltern des Verstorbenen. Wichtig: Neben den persönlichen existieren weitere Freibeträge, zum Beispiel für Hausrat und persönliche Gegenstände.

Zuschlag für Ehegatten und Kinder

Dem überlebenden Ehegatten steht zusätzlich ein Versorgungsfreibetrag bis zu 256 000 Euro zu. Dieser mindert sich um den Kapitalwert von Rentenleistungen wie einer Witwenrente unter Umständen bis auf null. Bis zum 27. Lebensjahr haben auch Kinder je nach Alter einen Versorgungsfreibetrag, von 10 300 Euro bis 52 000 Euro.

Für Nichtverwandte wird es teurer

Im Gegensatz zu Kindern und Ehepartnern haben Geschwister, Nichten und Neffen in Steuerklasse II deutlich geringere Freibeträge. Sie erben lediglich 20 000 Euro steuerfrei. Daneben steht ihnen ein Freibetrag für persönliche Güter des Verstorbenen von 12 000 Euro zu.

Auch unverheiratete Lebensgefährten erhalten wie Onkel, Tanten und nicht verwandte Personen nur den geringsten Freibetrag von 20 000 Euro. Zudem zählen sie zur Steuerklasse III und müssen daher zusätzlich die höchsten Steuersätze zahlen (siehe Tabelle „Steuersätze", Seite 78).

Freibeträge für Erbschaften und Schenkungen

Verwandtschaftsverhältnis	Allgemeiner Freibetrag (Euro)	Versorgungsfreibetrag [1] (Euro)	Freibetrag für Hausrat (Euro)	Freibetrag für andere Güter [2] (Euro)
Steuerklasse I				
Ehegatten, eingetragene Lebenspartner	500 000	256 000	41 000	12 000
Kinder, Stiefkinder, Adoptivkinder, Kinder verstorbener Kinder	400 000	10 300 – 52 000 [3]	41 000	12 000
Andere Enkel und Stiefenkel	200 000	0	41 000	12 000
Urenkel	100 000	0	41 000	12 000
Eltern, Groß- und Urgroßeltern [4]	100 000	0	41 000	12 000
Steuerklasse II				
Geschwister, Nichten und Neffen, Schwiegerkinder und -eltern, Stiefeltern, geschiedene Ehegatten, Partner einer aufgehobenen Lebenspartnerschaft	20 000	0	12 000 [5]	
Steuerklasse III				
Onkel, Tanten, Lebensgefährten, Nachbarn, Freunde und andere	20 000	0	12 000 [5]	

1) Gilt nur für Erbschaften, allerdings mindert sich der Versorgungsfreibetrag um den Kapitalwert von Hinterbliebenenrenten.
2) Zum Beispiel für Autos, Wohnmobile oder Boote; nicht für Goldbarren, Münzen, Briefmarken etc.
3) Kinder bis 5 Jahre 52 000 Euro, bis 10 Jahre 41 000 Euro, bis 15 Jahre 30 700 Euro, bis 20 Jahre 20 500 Euro, bis 27 Jahre 10 300 Euro.
4) Nur bei Erbschaften Steuerklasse I, bei Schenkungen Steuerklasse II mit den dort geltenden Freibeträgen.
5) Zusammengefasster Freibetrag für Hausrat, Wäsche, Bekleidung und andere bewegliche Güter.

Viel Vermögen – hohe Steuersätze

Liegt das übertragene Vermögen wertmäßig über dem allgemeinen Freibetrag, erhebt das Finanzamt auf den darüberliegenden Anteil Steuern. Je größer das steuerpflichtige Erbe ist, desto höher ist auch der Steuersatz. Die Erbschaftsteuersätze sind wie die Freibeträge an das Verwandtschaftsverhältnis zum Erblasser geknüpft. Der niedrigste Steuersatz gilt in Steuerklasse I mit 7 Prozent, der höchste in Klasse III mit 50 Prozent.

→ **Klasse I:** Für Ehepartner, Kinder, Enkel, Eltern und Großeltern gelten die niedrigen Sätze der Steuerklasse I. Für den Teil des Erbes, der ihren Freibetrag übersteigt, müssen sie zwischen 7 und 30 Prozent Steuern zahlen. Die hohen Steuersätze gelten hier allerdings nur für hohe Millionenbeträge.

→ **Klasse II:** Geschwister, Nichten und Neffen zahlen deutlich mehr. Für sie gelten in Klasse II Sätze zwischen 15 und 43 Prozent.

Steuersätze

Ehe- und eingetragene Lebenspartner sowie Kinder zahlen in Steuerklasse I maximal 30 Prozent, Geschwister in Klasse II bis 43 Prozent, Unverheiratete in Klasse III bis 50 Prozent Steuern.

Steuerpflichtiges Erbe oder Geschenk bis … Euro	Steuern in Prozent bei Steuerklasse I	II	III
75 000	7	15	30
300 000	11	20	30
600 000	15	25	30
6 000 000	19	30	30
13 000 000	23	35	50
26 000 000	27	40	50
Über 26 000 000	30	43	50

→ **Klasse III:** Am tiefsten greift das Finanzamt entfernten Verwandten und nicht verwandten Erben in die Tasche. Zu ihnen gehören auch unverheiratete Lebenspartner. Je nachdem, wie viel sie erben, müssen sie in Steuerklasse III zwischen 30 und 50 Prozent des Erbes ans Finanzamt abgeben.

Paare ohne Trauschein im Nachteil

Etwa jedes zehnte Paar in Deutschland lebt ohne Trauschein zusammen. Unverheiratete Partner, die ihrem Lebensgefährten Vermögen schenken oder vererben und die Steuerbelastung gering halten wollen, sind besonders gefordert. „Paare ohne Trauschein werden steuerlich wie Fremde behandelt", sagt Anton Steiner, Fachanwalt für Erbrecht.

Zum Vergleich: Während Enkel bis zu 200 000 Euro steuerfrei erben, müssen unverheiratete Partner und ihr Nachwuchs, aber auch Pflege- und Patenkinder alles ab 20 000 Euro versteuern.

Beispiel: Sylvia und Anton Block leben in einem Haus im Wert von 400 000 Euro, das ihnen beiden gehört. Anton hat zusätzlich Aktien- und Sparvermögen in Höhe von 150 000 Euro. Als er stirbt, bekommt Sylvia seine Haushälfte und das Gesparte.

Weil die beiden verheiratet waren, erbt die Witwe die Haushälfte steuerfrei, vorausgesetzt sie bleibt im Haus wohnen. Auch das Ersparte geht steuerfrei auf sie über, weil es innerhalb ihres Freibetrags von 500 000 Euro liegt.

Wesentlich schlechter stünde Sylvia ohne Trauschein da. Selbst wenn sie im Haus wohnen bliebe, müsste sie die Haushälfte und das Geld fast komplett versteuern:

Steuerbelastung für die Lebensgefährtin

Steuerpflichtiger Teil des Hauses	200 000 Euro
Aktien und Sparvermögen	+150 000 Euro
Freibetrag als Lebensgefährtin	–20 000 Euro
Steuerpflichtiges Erbe	**330 000 Euro**
Steuersatz nach Steuerklasse III	30 Prozent
Zu zahlende Erbschaftsteuer	**99 000 Euro**

Zwar wäre es denkbar gewesen, dass Anton seinen Hausanteil oder das Geld Sylvia schon zu Lebzeiten überträgt. Doch selbst wenn er das getan hätte, wäre sie nicht am Finanzamt vorbeigekommen. Grund: Anders als Ehepaare können Unverheiratete eine gemeinsam genutzte Immobilie nicht zu Lebzeiten steuerfrei übertragen. Ohne Trauschein sind alle zehn Jahre Übertragungen nur bis zu 20 000 Euro steuerfrei.

Wie der Fiskus Vermögen bewertet

Besteuert werden soll laut Gesetz die „Bereicherung" des Erwerbers. Grundsätzlich ist dafür der Verkehrswert von Vermögensgegenständen maßgeblich – also der Marktpreis, der sich unter normalen Verhältnissen erzielen lässt. Eine wichtige Rolle spielt folglich die Frage, nach welchen Regeln das Finanzamt einzelne Vermögensgegenstände bewertet (siehe Kasten „Welche Werte für die Steuer zählen" rechts).

Wichtig: Schulden, die nach dem Tod auf die Erben übergehen, werden mit ihrem vollen Wert vom Erbe abgezogen. Dabei kann es sich beispielsweise um Mietrückstände, unbezahlte Rechnungen oder Steuerschulden handeln. Voraussetzung ist, dass der Erbe durch die Verbindlichkeiten tatsächlich wirtschaftlich belastet wird. Ist zum Beispiel noch eine Grundschuld auf das geerbte Haus eingetragen, ist diese aber bereits komplett zurückgezahlt, wird nichts vom Erbe abgezogen.

Tipp: Erbt Ihr nichtehelicher Lebenspartner, gilt für ihn nur ein niedriger Steuerfreibetrag. Mit einem legalen Trick lässt sich jedoch Erbschaftsteuer vermeiden: Ihr Partner schließt eine Risikolebensversicherung ab, versichert darin aber Ihr Leben und lässt sich selbst im Versicherungsschein als Bezugsberechtigen eintragen. Wenn Sie sterben, bekommt Ihr Partner die Versicherungsleistung aus seinem eigenen Vertrag. Hauptvorteil: Die Zahlung ist dann komplett steuerfrei. Mehr dazu siehe „Risikolebensversicherung", Seite 89.

UNSER RAT

Welche Werte für die Steuer zählen

Bargeld, Bank- und Sparguthaben. Nominalwert in Euro am Todes- oder Schenkungstag plus der bis dahin aufgelaufenen Zinsen.

Börsennotierte Wertpapiere wie Aktien. Niedrigster notierter Kurswert in Euro am Todestag des Erblassers oder am Tag der Schenkung.

Anteile an Fonds. Rücknahmepreis in Euro am Todestag oder am Tag der Schenkung.

Wiederkehrende Leistungen wie Renten und Wohnrechte. Kapitalwert in Euro: Jahreswert der Leistungen x Vervielfältiger. Dessen Höhe richtet sich nach der Laufzeit der zugesagten Nutzung oder bei lebenslanger Nutzung nach der Lebenserwartung des Erben.

Lebensversicherungen. Erbschaft: ausgezahlte Versicherungssumme. Schenkung: Rückkaufswert der Police.

Edelmetalle wie Gold, Silber. Kurswert in Euro am Todestag oder am Tag der Schenkung.

Hausrat, Schmuck, Kunst. Verkehrswert (entspricht dem möglichen Verkaufspreis).

Immobilien. Verkehrswert, bei vermieteten Wohnimmobilien minus 10 Prozent.

So sparen Sie Steuern

Sie haben diverse Möglichkeiten, um den Anteil, den das Finanzamt am Nachlass fordert, möglichst gering zu halten.

Familiäre Beziehungen schaffen

Bei Paaren ohne Trauschein, entfernten Verwandten oder Freunden kann es sich lohnen, sie noch zu Lebzeiten in die Steuerklasse I zu holen. Möglich ist das zum Beispiel durch Heirat oder Adoption vor der Vermögensübergabe. Damit sichert der Schenker oder Erblasser in spe einem entfernten Angehörigen oder Freund einen höheren Steuerfreibetrag.

Damit das Vormundschaftsgericht eine Adoption anerkennt, müssen jedoch die Beteiligten plausibel darlegen, dass zwischen ihnen eine enge Bindung besteht.

Für unverheiratete Paare, die sich gegenseitig absichern wollen, ist der leichteste Weg die Heirat. Durch sie rutschen die Partner von der ungünstigsten Steuerklasse III in die günstigste Klasse I.

Freibeträge alle zehn Jahre nutzen

Auf den ersten Blick gibt es keinen steuerlichen Unterschied zwischen Erbschaft und Schenkung. In beiden Fällen verlangt das Finanzamt Steuern in gleicher Höhe. „Einen Unterschied gibt es jedoch, und den können sich Erblasser bei der Planung des Vermögensübergangs zunutze machen", sagt Erbrechtsspezialist Anton Steiner. „Beschenkte können ihre Freibeträge alle zehn Jahre aufs Neue ausnutzen."

Eine langfristige Strategie vorausgesetzt, lassen sich so über die Jahre auch hohe Vermögenswerte steuerfrei übertragen. Das Finanzamt ginge leer aus, würde ein Elternteil seinem Kind heute zum Beispiel 400 000 Euro schenken und in zehn Jahren erneut. Auch Großeltern können jedem Enkel schon zu Lebzeiten alle zehn Jahre Vermögen bis zu 200 000 Euro zukommen lassen. Dieser Weg lässt sich auch nutzen, wenn eine Immobilie zum Nachlass zählt. Mehr dazu siehe „Immobilien", Seite 84.

Mehrere Personen begünstigen

Noch leichter lässt sich die Erbschaftsteuer umgehen, wenn der Schenkende mehrere Kinder oder Familienmitglieder begünstigt und so die Freibeträge mehrerer Personen nutzt. Auf diesem Weg können selbst große Vermögen steuerfrei übertragen werden.

Beispiel: Der 50-jährige Max Müller möchte seinen beiden Söhnen Barvermögen in Höhe von einer Million Euro übertragen. Bei einer Erbschaft würde wie folgt gerechnet:

Steuerbelastung pro Kind

Übertragungswert	500 000 Euro
Freibetrag	–400 000 Euro
Steuerpflichtiger Betrag	**100 000 Euro**
11 Prozent Steuern	–11 000 Euro
Bereicherung des Kindes	**489 000 Euro**

Hätte Müller zwei Enkel, denen er vorab je 100 000 Euro davon schenken würde, fiele wegen derer Freibeträge weder bei der Schenkung noch im Erbfall Steuer an.

Tipp: Nach einer Schenkung haben Sie keinen Einfluss mehr auf die Verwendung des Vermögens. Gehen Sie deshalb sicher, dass etwa Kinder über die nötige Reife verfügen.

Familienheim bleibt steuerfrei

Unabhängig von ihrem persönlichen Freibetrag können Ehe- und eingetragene Lebenspartner sowie Kinder das Familienheim steuerfrei erben. Bedingung: Sie müssen anschließend mindestens zehn Jahre in der Wohnung oder dem Haus wohnen. Die Sonderregelung greift jedoch nur, wenn das (Mit-)Eigentum zivilrechtlich auf die Erben übertragen wurde. Ein dinglich gesichertes Wohnrecht reicht für die Steuerbefreiung nicht aus (BFH, Az. II R 45/12). Zweit- und Ferienwohnungen fallen zudem nicht unter diese Regelung (BFH, Az. II R 35/11). Erben Kinder das Elternhaus, gilt zusätzlich: Steuerfrei ist nur eine Wohnfläche von maximal 200 Quadratmetern.

Vorsicht, Berliner Testament

Unter Ehepaaren weit verbreitet ist das Berliner Testament (siehe dazu auch Seite 54). Darin setzen sich beide Partner gegenseitig als Alleinerben ein. Die Kinder gehen beim Tod des ersten Elternteils leer aus. Sie erben erst, wenn der zweite stirbt. Das kann Nachteile bei der Erbschaftsteuer bringen: Erben die Kinder später das gesamte Vermögen, können sie ihren Freibetrag nur einmal geltend machen.
Tipp: Prüfen Sie als Eltern, ob der Anteil jedes Kindes am Gesamterbe dessen Steuerfreibetrag (400 000 Euro) übersteigt.

Einen Umweg wählen

Nicht selten ist Vermögen zwischen Ehepartnern ungleich verteilt. Würde der vermögendere Partner seinen Teil direkt an die Kinder vererben, würden eventuell deren Freibeträge überschritten und Steuern anfallen – obwohl der andere Partner seine Freibeträge nicht ausschöpft. Eheleute, die sich einig sind, können Vermögen per „Kettenschenkung“ so umverteilen, dass alle Freibeträge optimal genutzt werden. Der betuchte Partner schenkt zunächst einen Teil seines Vermögens seinem Ehepartner. Dieser nutzt seinen Freibetrag, bevor er das Geld später an die Kinder weitergibt.
Tipp: Zwischen beiden Schenkungen sollten Sie am besten mehr als ein Jahr verstreichen lassen. Vermeiden Sie es, dem Ehepartner denselben Betrag zu schenken, den er später weitergeben soll. Es besteht die Gefahr, dass das Finanzamt von Gestaltungsmissbrauch ausgeht und doch noch Steuern fordert.

UNSER RAT

Frühzeitig anpacken

Freibeträge mehrfach nutzen. Übersteigt das Vermögen die Freibeträge, können Eltern bereits frühzeitig Vermögensteile übertragen. Freibeträge lassen sich alle zehn Jahre erneut ausschöpfen.

Besitz umverteilen. Besitzt ein Ehepartner den Großteil des Vermögens, sollten Eheleute dieses gleichmäßiger unter sich aufteilen. So können Kinder im Erbfall ihre Freibeträge für beide Elternteile ausnutzen.

Mehrere Generationen bedenken. Bei größeren Vermögen können Sie die Steuerlast stark verringern, wenn Sie mehrere Generationen einbeziehen, weil sich so auch die Freibeträge der Enkel nutzen lassen.

Testament prüfen. Berechnen Sie, ob die im Testament getroffenen Regelungen eventuell Nachteile für Ihre Kinder bei der Erbschaftsteuer bringen. Suchen Sie im Zweifel Rat bei einem Fachanwalt für Erbrecht oder einem im Erbrecht versierten Steuerberater Ihres Vertrauens.

Wie vererbe ich Immobilien und Altersvorsorge?

Bei Immobilien und Verträgen zur Altersvorsorge sind einige Besonderheiten zu beachten. Kluge Planung kann helfen, wenn Sie beispielsweise das Eigenheim für die Familie sichern und die Steuer niedrig halten möchten.

Bei Verträgen zur Altersvorsorge kommt es vor allem darauf an, den gewünschten Bezugsberechtigten einzutragen. Auch hier gibt es Tricks, die Ihren Erben eine Menge Steuern sparen können.

Immobilien verschenken oder vererben

Die eigenen vier Wände schon zu Lebzeiten weiterzugeben schafft klare Verhältnisse und kann Steuern sparen. Wer das erwägt, sollte jedoch ein paar Dinge beachten.

Manchmal frisst die Erbschaftsteuer ein ganzes Haus – vom Dach bis zum Fundament: Steht dem Finanzamt mehr Geld zu, als der Erbe hat, ist ein Verkauf oft unumgänglich. „Verhindern lässt sich das mit kluger Testamentsgestaltung oder indem der Eigentümer seine Immobilie bereits zu Lebzeiten verschenkt", sagt Anton Steiner, Fachanwalt in München.

Gedanken über die geeignete Form der Übertragung müssen sich immer mehr Eigentümer machen: Fast die Hälfte derer, die etwas zu vererben haben, besitzt auch Immobilien, hat das Deutsche Institut für Altersvorsorge ermittelt.

Steuern sparen per Schenkung

Jeder Hausbesitzer möchte seine vier Wände ohne Verlust weitergeben. Während jedoch eine klassische Erbschaft den Nachkommen unter Umständen hohe Steuern aufbürdet, kann eine Schenkung viel Geld sparen helfen. Diese erfordert weit mehr als eine Absprache zwischen Schenker und Beschenktem. Denn eine Schenkung wird erst rechtskräftig, wenn die geänderten Eigentumsverhältnisse im Grundbuch stehen und ein Notar den Vorgang beurkundet hat.

Bei der Entscheidung, seine Immobilie zu Lebzeiten weiterzugeben, können neben finanziellen Erwägungen auch emotionale Gründe eine Rolle spielen: Für viele Menschen ist es ein beruhigendes Gefühl, beizeiten alles geregelt zu haben.

Freibeträge alle zehn Jahre nutzen

„Steuerlich scheint der Unterschied zwischen Erbschaft und Schenkung marginal zu sein", sagt Erbrechtsexperte Steiner. Das Gesetz macht kaum einen Unterschied zwischen Erben und Beschenkten. Das Finanzamt verlangt in beiden Fällen Steuern, und zwar in gleicher Höhe (siehe „Erbschaftsteuer", Seite 76). Auch die Freibeträge sind identisch. „Der Unterschied besteht jedoch darin, dass Beschenkte ihren Freibetrag alle zehn Jahre aufs Neue nutzen können", erklärt Anton Steiner.

Hintergrund: Je nach Verwandtschaftsgrad und Wert des steuerpflichtigen Erbes kassiert das Finanzamt zwischen 7 und 50 Prozent an Steuern. Bei Immobilien ist der Verkehrswert für die Berechnung maßgeblich – also der Marktpreis, der sich bei einem Verkauf erzielen ließe.

Nahe Angehörige kommen am günstigsten davon: Je näher der neue mit dem alten Eigentümer verwandt ist, desto höher ist sein Freibetrag. Oft reicht dieser sogar aus, um Haus oder Wohnung steuerfrei zu übertragen. Bei den vielerorts steigenden Immobilienpreisen kann er aber auch schnell überschritten sein. Übersteigt der Wert der Immobilie den Freibetrag des Empfängers, ist der Fiskus mit von der Partie.

Die drohende Besteuerung können Eigentümer ihren Nachkommen ersparen oder auf ein Minimum reduzieren, indem sie zu Lebzeiten die Weichen stellen. Wir skizzieren im Folgenden fünf typische Fälle.

ÜBERTRAGUNG ZU LEBZEITEN

Das Haus verschenken – sinnvoll oder nicht?

Was spricht dafür?

Weniger Bürokratie. Emotional aufreibende Verwaltungsaufgaben, etwa der Weg zum Nachlassgericht oder das Warten auf die Testamentseröffnung, lassen sich verringern.

Geringere Steuerlast. Freibeträge lassen sich bei Schenkungen mehrmals nutzen. Das spart kräftig Steuern.

Aktuelle Steuerbemessung. Schenker müssen sich über eine künftige Wertsteigerung keine Sorgen machen.

Fortdauernde Nutzung. Wer sich einen Nießbrauch einräumen lässt, kann selbst wohnen bleiben oder hat weiterhin Anspruch auf die Mieteinnahmen.

Was spricht dagegen?

Drohende Konflikte. Sind die Familien- oder Vermögensverhältnisse nicht gefestigt, können Streitigkeiten entstehen.

Offene Kreditschulden. Entlässt die Bank den bisherigen Eigentümer nicht aus dem Kreditvertrag, bleibt er Schuldner der Bank, obwohl ihm das Haus nicht mehr gehört.

Gerichtliche Mitsprache. Ist der neue Eigentümer minderjährig, entscheidet über eine künftige Veräußerung oder Belastung das Familiengericht mit.

Verlust der Altersvorsorge. Ist das Eigenheim das einzige Vermögen, wird es zur Altersvorsorge benötigt.

Fall 1: Schenken in Etappen

Wer ein teures Anwesen bewohnt und nur einen Erben hat, sollte frühzeitig über eine schrittweise Schenkung nachdenken. Sinnvoll ist diese dann, wenn der Wert der Immobilie den Freibetrag des Empfängers übersteigt. Dieser darf seinen Freibetrag alle zehn Jahre erneut in Anspruch nehmen. Keine Bange: Wem welcher Raum gehört, muss im Grundbuch nicht eingetragen werden. Achtung: Der Wert der Immobilie wird bei der schrittweisen Schenkung jeweils neu ermittelt. Stirbt der Schenker vor Ablauf der zehn Jahre, rechnet das Finanzamt Schenkung und Erbe zusammen. Der erhoffte Steuervorteil ist dann dahin.

Beispiel: Witwer Siegfried Richter lebt in einer Villa im Wert von 1,2 Millionen Euro. Diese soll an seinen einzigen Sohn Klaus gehen. Schenkt er Klaus zum 40. Geburtstag ein Drittel der Villa, könnte er ihm zu den nächsten beiden runden Geburtstagen die restlichen zwei Drittel zukommen lassen – steuerfrei.

Auf diese Weise könnte der Sohn seinen Freibetrag von 400 000 Euro dreimal ausschöpfen. Zum Vergleich: Beim Tod des Vaters müsste er als Erbe 800 000 Euro versteuern (1,2 Millionen Euro Verkehrswert minus 400 000 Euro Freibetrag). Da er nach Steuerklasse I besteuert wird, würde das Finanzamt von der Erbschaft 19 Prozent kassieren, also 152 000 Euro.

Fall 2: Schenkung an den Ehegatten

Auch für Ehepaare, die ihr Haus oder ihre Wohnung selbst bewohnen, gilt die Faustformel: verschenken statt vererben.

UNSER RAT

Wie Sie Klarheit schaffen

Vorsorge treffen. Legen Sie bereits zu Lebzeiten fest, wer Ihr Haus oder Ihre Wohnung bekommen soll – etwa in einem Testament oder indem Sie die Immobilie verschenken.

Freibeträge nutzen. Gerade bei teuren Immobilien können Sie Steuern sparen, wenn Sie das Haus in Etappen verschenken und der Beschenkte alle zehn Jahre seinen Freibetrag erneut ausnutzt. Bei Erbschaften hilft eine kluge Testamentsgestaltung, die Freibeträge optimal zu nutzen.

Vertraglich absichern. Lassen Sie sich bei einer Schenkung einen Nießbrauch eintragen, damit Sie die Immobilie weiter selbst bewohnen oder die Mieterträge kassieren können.

Experten fragen. Lassen Sie sich von einem Fachanwalt für Erbrecht, einem Steuerberater oder Notar beraten, wie Sie am besten vorgehen.

Schenkt ein Ehe- oder eingetragener Lebenspartner dem anderen das Eigenheim, verlangt das Finanzamt keine Steuern. Der Wert der Immobilie ist bei der Schenkung unerheblich.

Weiterer Vorteil: Der Beschenkte darf die Immobilie theoretisch sofort verkaufen. Beim Erbfall sieht das anders aus: Der neue Eigentümer muss zehn Jahre wohnen bleiben, um Steuerfreiheit zu genießen. Zöge er ohne zwingenden Grund vorher aus, würde selbst im Nachhinein Erbschaftsteuer fällig. Auch die eigenen Kinder können das Eigenheim steuerfrei erben, wenn sie zehn Jahre darin wohnen bleiben. Steuerfrei sind hier allerdings nur 200 Quadratmeter – alles darüber hinaus ist zu versteuern.

Beispiel: Günter Winter gehört ein Haus in bester Lage. Geschätzter Verkehrswert: 800 000 Euro. Schenkt er das Haus seiner Frau Helga, bleibt die Schenkung steuerfrei – egal, wie lange sie noch im Haus lebt. Würden die Winters den Erbfall abwarten, müsste Helga nach dem Tod ihres Mannes zehn Jahre lang im Haus wohnen bleiben, damit keine Steuer anfällt. Die hätte es in sich: 800 000 Euro Verkehrswert minus 500 000 Euro Freibetrag ergibt 300 000 Euro. Davon würden 11 Prozent Steuern fällig (Steuerklasse I), also 33 000 Euro.

Fall 3: Nießbrauch einräumen

Die meisten älteren Menschen wollen bis zum Lebensende in ihrer Immobilie wohnen oder sich zumindest Mieteinnahmen sichern. Auch das lässt sich per Schenkung regeln, indem sich der bisherige Eigentümer einen Nießbrauch vorbehält – also das Recht, die Immobilie weiterhin zu bewohnen und zu vermieten.

Wird der Nießbrauch an erster Stelle in ein lastenfreies Grundbuch eingetragen, kann der frühere Eigentümer ruhig schlafen. Selbst wenn der Beschenkte in finanzielle Not gerät und Haus oder Wohnung zwangsversteigert werden müssen – das Nießbrauchrecht gilt automatisch auch gegenüber dem neuen Eigentümer.

Aufpassen: Da der Kapitalwert des Nießbrauchs steuerlich von Belang ist, sollten Eigentümer, die eine Schenkung ins Auge fassen, vorher einen Fachanwalt für Erbrecht oder einen Notar konsultieren.

Fall 4: Eine Generation überspringen

Soll die Immobilie in der Familie bleiben, kann der Eigentümer sie statt den Kindern auch seinen erwachsenen Enkelkindern schenken oder vererben. Während bei der

Weitergabe von Generation zu Generation unter Umständen zweimal Steuern anfallen, würden in diesem Fall allenfalls die Enkel Steuern zahlen müssen.

Diese Variante ist sinnvoll, wenn die Kinder bereits Wohneigentum besitzen. Bei Bedarf könnten auch sie durch ein Nießbrauchrecht abgesichert werden.

Die Idee funktioniert auch, wenn statt des Ehegatten die Kinder und statt der Geschwister Neffen oder Nichten bedacht werden sollen. Wer befürchtet, dass sich die Kinder übergangen fühlen, sollte offen die geplante Erbfolge besprechen.

Sind der oder die Enkel noch sehr jung oder besteht die Gefahr, dass sie das Erbe verschwenden, empfiehlt sich ein Enkelvermächtnis mit Testamentsvollstreckung. Dazu formuliert der Eigentümer ein Vermächtnis zugunsten des Enkels und setzt einen Testamentsvollstrecker ein, der dafür Sorge trägt, dass die Wünsche des Eigentümers umgesetzt werden (siehe „Testamentsvollstrecker", Seite 35).

Beispiel: Vera Schmidts Haus ist 500 000 Euro wert. Würde sie es ihrer Tochter Ruth schenken, müsste diese 11 000 Euro Steuern zahlen (500 000 Euro Verkehrswert minus 400 000 Euro Freibetrag ergibt 100 000 Euro, davon 11 Prozent). Würde Ruth das Haus an ihren Sohn Lukas weiterverschenken, müsste auch er 11 000 Euro Steuern zahlen. Insgesamt bekäme das Finanzamt 22 000 Euro.

Überträgt Vera Schmidt ihrer Tochter nur drei Fünftel des Hauses und die zwei restlichen Fünftel ihrem Enkel, bliebe die Schenkung steuerfrei. Gibt Ruth ihre drei Fünftel dann an Lukas weiter, wäre das wegen des Freibetrags von 400 000 Euro ebenfalls steuerfrei. Die Familie spart auf diese Weise 22 000 Euro.

Fall 5: Kind enterben

Nahen Angehörigen steht ein Pflichtteil zu, von dem sie im Erbfall nicht ausgeschlossen werden können. Durch eine frühe Schenkung lässt sich der Pflichtteil mindern. Liegen zwischen Schenkung und Todesfall nämlich mindestens zehn Jahre, hat sie keinerlei Einfluss auf die Berechnung des Pflichtteils. Hatte sich der ehemalige Eigentümer dagegen den Nießbrauch vorbehalten, zählt das Haus bei der Berechnung des Pflichtteils mit.

Beispiel: Rolf Mayer schenkt seiner Tochter Anna ein Haus. Verstirbt er bereits im Jahr nach der Schenkung, fließt der Gesamtwert der Immobilie in die Berechnung des Pflichtteils von Annas enterbtem Bruder Jan ein. Stirbt der Vater im zweiten Jahr, sind es 90 Prozent des Wertes, im dritten Jahr nur noch 80 Prozent und so weiter.

Tipp: Risikolebensversicherung

Besteht Ihr Vermögen zum größten Teil aus der selbst genutzten Immobilie und gibt es darüber hinaus kaum Bares, wird das schnell zum Problem, wenn Sie Ihren Partner im Testament zum Alleinerben machen. Er muss nach Ihrem Tod unter Umständen Kindern den ihnen zustehenden Pflichtteil auszahlen. Die Lösung: Sie schließen beizeiten eine Risikolebensversicherung ab und lassen Ihren Partner als Bezugsberechtigten eintragen. Nach Ihrem Tod würde er dann die Versicherungssumme ausgezahlt bekommen und könnte damit die Pflichtteile der Kinder finanzieren.

Auslandsimmobilien

Wer sich langfristig im Ausland aufhält, unterliegt beim Erben unter Umständen fremdem Recht. Hier die Antworten auf die wichtigsten Fragen.

Ich habe eine Finca in Spanien. Gilt dafür deutsches oder spanisches Erbrecht?
Für Erbfälle seit dem 17. August 2015 gilt die EU-Erbrechtsverordnung. Welches Recht angewendet wird, richtet sich nicht nach der Immobilienlage, sondern nach Ihrem letzten „gewöhnlichen Aufenthalt". Ob für Sie deutsches oder spanisches Recht gilt, hängt also davon ab, wo Sie zuletzt Ihren Lebensmittelpunkt mit familiären, sozialen oder beruflichen Bindungen hatten. Das muss nicht unbedingt Ihr Hauptwohnsitz sein.

Gilt die EU-Erbrechtsverordnung für ganz Europa?
Nein. In Dänemark, Großbritannien und Irland gilt die EU-Erbrechtsverordnung nicht. Folge: Falls Sie dort eine Immobilie besitzen, wird diese unter Umständen nach anderem Recht vererbt als Ihr Vermögen in Deutschland.

Gilt das Erbrecht des anderen Landes nur für mein Ferienhaus?
Das Recht des Landes, in dem Sie sich bei Ihrem Tod für gewöhnlich aufgehalten haben, gilt für Ihr gesamtes Vermögen.

Kann ich das anders regeln?
Ja. Als deutscher Staatsbürger kommt für Sie neben dem Recht des Landes, in dem Sie Ihren Lebensmittelpunkt haben, auch deutsches Recht infrage. Wenn Sie wollen, dass dieses in Sachen Erbschaft für Sie gilt, müssen Sie Ihre Rechtswahl schriftlich festhalten – und zwar in einer „Verfügung von Todes wegen", also beispielsweise in Ihrem Testament.

Formulierungsbeispiel
Rechtswahlklausel
Als deutscher Staatsangehöriger wähle ich für die Zulässigkeit und materielle Wirksamkeit meiner Verfügungen von Todes wegen sowie die Rechtsnachfolge von Todes wegen deutsches Recht. Mein gesamter Nachlass soll nach deutschem Recht vererbt werden. Diese Rechtswahl soll auch dann gelten, wenn ich meinen letzten gewöhnlichen Aufenthalt nicht in Deutschland habe.

Ich habe mein Testament vor drei Jahren verfasst. Muss ich es ändern?
Die EU-Verordnung gilt auch für Testamente, die vor dem 17. August 2015 verfasst wurden. Sie sollten Ihr Testament also überprüfen, vor allem wenn Sie vorhaben, Ihren Lebensabend im Ausland zu verbringen.

Lauern für im Ausland ansässige Deutsche beim Vererben Fallen?
Wer ein Berliner Testament errichtet hat, sollte wissen, dass das Erbrecht anderer Länder dergleichen nicht kennt. Sind Sie etwa nach Spanien ausgewandert, müssen Sie deutsches Recht wählen, da Ihr Berliner Testament ansonsten ins Leere läuft.

Wie sieht es mit den Steuern aus? Fallen diese doppelt an?
Wer in Deutschland lebt, muss im Erbfall für eine Auslandsimmobilie hier Erbschaftsteuer zahlen. In vielen Staaten unterliegen Immobilien aber auch der Steuerpflicht des Landes, in dem sie sich befinden. Gibt es kein Doppelbesteuerungsabkommen, wird also zweimal Erbschaftsteuer fällig.

Altersvorsorge vererben

Ob Riester-Vertrag, Lebensversicherung oder private Rentenversicherung – so legen Sie Ihr Guthaben in die richtigen Hände.

Der Tod eines geliebten Menschen kann ernsthafte finanzielle Probleme auslösen – vor allem, wenn er der Hauptverdiener in der Familie war. Viele Menschen schließen deshalb eine Risikolebensversicherung ab. Im Fall des Falles zahlt dann die Versicherung. Die Frage ist nur: an wen? Verbreitet sind auch Altersvorsorgeprodukte wie private Rentenversicherung und Riester-Rente. Wer hier regelmäßig einzahlt, erhält später eine Zusatzrente. Doch was, wenn der Sparer stirbt? Wer Enttäuschungen vermeiden will, sollte schon bei Vertragsabschluss aufpassen.

Risikolebensversicherung

Die Risikolebensversicherung springt ein, wenn die versicherte Person verstirbt – allerdings nur, sofern der Todeszeitpunkt vor dem im Vertrag genannten Ablaufdatum liegt. Lebt der Versicherte dann noch, zahlt die Versicherung keinen Cent: Die eingezahlten Beiträge sind futsch.

Die Risikolebensversicherung bietet dafür die Möglichkeit, geliebte Personen zu einem moderaten Preis abzusichern. Anspruch auf die Versicherungssumme hat aber nur, wer als Bezugsberechtigter im Vertrag steht. Diesen kann der Versicherte sofort bei Abschluss der Versicherung oder auch später benennen. Wichtig ist nur, dass er regelmäßig überprüft, ob es noch dieselbe Person ist, die das Geld bekommen soll.

Beispiel: Jochen Schmidt lebt mit seiner Freundin Stefanie Krug ohne Trauschein zusammen. Um Stefanie abzusichern, schließt Jochen eine Risikolebensversicherung ab. Im Todesfall soll die Versicherung 300 000 Euro auszahlen. Als Bezugsberechtigte trägt er Stefanie Krug ein. Wenig später lernt Jochen Constanze kennen und trennt sich von Stefanie. Bald darauf heiratet er Constanze und bekommt mit ihr zwei Kinder. Als Jochen plötzlich stirbt, wendet sich Constanze an die Versicherung. Doch anders als erwartet geht das Geld an Stefanie. Das ist bitter für Constanze; Jochen hatte schlicht vergessen, sie als Bezugsberechtigte einzusetzen.

Übrigens: Constanze würde die Versicherungssumme selbst dann nicht erhalten, wenn Jochen sie im Testament zur Alleinerbin gemacht hätte. Das Geld fließt nur dann in die Erbmasse, wenn gar kein Bezugsberechtigter eingetragen wurde.

Tipp: Erbt Ihr nichtehelicher Lebenspartner, gilt für ihn nur ein niedriger Steuerfreibetrag. Mit einem legalen Trick lässt sich jedoch Erbschaftsteuer vermeiden: Ihr Partner schließt eine Risikolebensversicherung ab, versichert darin aber Ihr Leben und lässt sich selbst im Versicherungsschein als Bezugsberechtigten eintragen. Sterben Sie, bekommt Ihr Partner die Versicherungsleistung aus seinem eigenen Vertrag. Vorteil: Die Zahlung ist dann komplett steuerfrei.

Kapitallebensversicherung

Wer eine Kapitallebensversicherung abgeschlossen hat, kann ebenfalls eine bezugsberechtigte Person in die Police eintragen lassen. Sie bekäme im Fall des vorzeitigen Todes die Leistung ausgezahlt.

Im Unterschied zur Risiko- umfasst eine Kapitallebensversicherung zusätzlich einen Sparvertrag. Vom Guthaben kann der Ver-

sicherte selbst profitieren – sofern er das im Vertrag festgelegte Ablaufdatum erlebt.
Im Hinblick auf die Gestaltung eines Testaments eröffnen beide Versicherungen Gestaltungsmöglichkeiten.
Beispiel: Witwer Kai Junge will seine Tochter Julia dafür belohnen, dass sie ihn im Alter pflegt. Junge hat außerdem zwei Söhne. Laut Testament sollen alle drei zu gleichen Teilen erben. Um Julia ein zusätzliches Bonbon zukommen zu lassen, setzt Junge sie in seiner schon seit vielen Jahren laufenden Lebensversicherung als Bezugsberechtigte ein: Im Fall seines Todes erhält sie damit die Versicherungssumme. Diese wird zudem nicht mit ihrem Erbteil verrechnet. Unterm Strich bevorzugt Kai Junge seine Tochter damit – genau wie er es beabsichtigt hat.

Private Rentenversicherung

Die private Rentenversicherung soll der Altersvorsorge dienen. Wer einen Vertrag abschließt und über viele Jahre Beiträge einzahlt, kann im Alter mit dem Guthaben seine gesetzliche Rente aufbessern.

Im Versicherungsvertrag ist ein Termin für den Beginn der Auszahlphase festgehalten – etwa das Alter, in dem der Versicherte zu Vertragsbeginn vorhatte, in Rente zu gehen. Erlebt er diesen Tag, erhält er von da an eine lebenslange monatliche Rente. Lässt ihm der Vertrag die Wahl, kann er das Guthaben auch auf einen Schlag kassieren.

Stirbt der Versicherte vor Rentenbeginn und hat er bei Abschluss der Versicherung eine Beitragsrückgewähr vereinbart, werden mindestens die eingezahlten Beiträge an den Bezugsberechtigten ausgezahlt.

Stirbt der Versicherte nach Rentenbeginn, geht der Bezugsberechtigte jedoch leer aus – es sei denn, der Kunde hat sich eine Rentengarantiezeit zusichern lassen.

Beispiel: Hans Pfeifer hat eine fünfjährige Garantiezeit vereinbart, die seit dem Rentenbeginn, seinem 67. Geburtstag, läuft. Er stirbt mit 70 Jahren. Daraufhin erhält seine Tochter Elvira Schubert die Rente noch bis zu dem Tag weiter, an dem Hans Pfeifer 72 Jahre geworden wäre.

Je nach Vertragsgestaltung kann eine private Rentenversicherung auch einen Schutz für die Hinterbliebenen umfassen. Stirbt der Versicherte, erhält die bezugsberechtigte Person eine Witwenrente für eine bestimmte Zeit oder bis zu ihrem eigenen Tod.

Riester-Rente

Die Riester-Rente ist eine Form der staatlich geförderten Altersvorsorge. Auch die Finanzierung von Wohneigentum wird gefördert. Für Sparer, die später jedoch eine Rente wollen, kommen Rentenversicherung, Bank- oder Fondssparplan infrage. Ob und wie viel Geld Erben oder Bezugsberechtigte bekommen, hängt vom Vertrag ab und davon, wann der Riester-Sparer verstirbt:

Modell 1: Riester-Rentenversicherung

In eine Riester-Rentenversicherung zahlt der Sparer einen Teil seines jährlichen Verdienstes ein. Der Staat fördert den Spareifer mit Zulagen und Steuervorteilen. Davon abgesehen funktioniert diese Riester-Variante wie eine private Rentenversicherung: Der Versicherte kann eine Person als Bezugsberechtigten bestimmen und in den Vertrag eintragen lassen. Stirbt der Versicherte vor Rentenbeginn, erhält der Bezugsberechtigte das Guthaben aus der Versicherung. Stirbt er nach Rentenbeginn und ist im Vertrag eine Rentengarantiezeit vereinbart, erhält der Bezugsberechtigte bis zum Ende der Garantiezeit die Rente oder eine Abfindung.

Modell 2: Riester-Banksparplan

Wer einen Banksparplan abschließt, zahlt in der Regel monatlich Beträge ein und erhält aus seinem Guthaben im Rentenalter eine Rente. Stirbt der Sparer bereits vor Beginn der Rentenphase, geht das angesparte Kapital – wie Guthaben auf einem normalen Bankkonto – an den oder die Erben.

Was die Hinterbliebenen bekommen, wenn der Riester-Kunde im Rentenalter stirbt, hängt davon ab, was der Verstorbene zu Lebzeiten mit der Bank vereinbart hat. Oft wird für die Auszahlphase eine Rentenversicherung abgeschlossen, die sich aus dem Guthaben des Banksparplans speist.

Diese Rentenversicherung beinhaltet in der Regel eine Garantiezeit von zehn Jahren. Stirbt der Riester-Rentner in dieser Phase, bekommen die Erben die restlichen Rentenzahlungen als Abfindung.

Modell 3: Riester-Fondssparplan

Das im Rahmen eines Fondssparplans angesparte Guthaben geht beim Tod des Riester-Sparers auf dessen Erben über. Erreicht der Riester-Kunde das Rentenalter, erfolgt die Auszahlung der Rente bis zu seinem 85. Geburtstag nach einem Auszahlplan. Wenn der Kunde in dieser Phase stirbt, bekommen die Erben das Restguthaben. Stirbt er nach seinem 85. Geburtstag, gehen sie in der Regel leer aus.

Riester-Förderung retten

Für alle drei Riester-Varianten gilt: Zahlt die Versicherung, Bank oder Fondsgesellschaft an einen Bezugsberechtigten oder Erben Geld aus, werden die staatlichen Riester-Zulagen und Steuervorteile, die der Verstorbene zu Lebzeiten erhalten hat, von der Summe abgezogen. Es sei denn, der Ehegatte oder eingetragene Lebenspartner überführt das Riester-Vermögen auf einen eigenen Riester-Vertrag. Dafür reicht es aus, wenn dieser nach dem Tod des Partners abgeschlossen wird.

Für Sparer mit einer Riester-Rentenversicherung dürfte es in der Regel ratsam sein, den Ehepartner als Bezugsberechtigten einzusetzen.

Bei Bank- und Fondssparplan gibt es keinen Bezugsberechtigten. Hier sollte der Sparer seinen Ehepartner im Testament zum Alleinerben machen oder ihm darin das Riester-Vermögen per Vermächtnis zukommen lassen. Gibt es kein Vermächtnis, aber mehrere Erben, braucht der Ehepartner das Einverständnis der Miterben, um die Summe ungekürzt übertragen zu können.

UNSER RAT

Klug vorsorgen

Empfänger bestimmen. Haben Sie eine Lebens- oder Rentenversicherung abgeschlossen, können Sie gegenüber der Versicherungsgesellschaft eine bezugsberechtigte Person benennen. Diese erhält die Versicherungsleistungen, wenn Sie als versicherte Person sterben. Wählen Sie am besten eine Person aus, die Sie finanziell absichern wollen, etwa Ihren Ehe- oder Lebenspartner.

Bezugsberechtigung überprüfen. Prüfen Sie regelmäßig, ob die in der Police eingetragene Person noch diejenige ist, die Sie begünstigen wollen. So ist es nach einer Scheidung oft ratsam, dem Versicherer den neuen Partner als Bezugsberechtigten zu melden.

Riester-Guthaben übertragen. Sorgen Sie im Testament dafür, dass Ihr Riester-Guthaben Ihrem Ehepartner zukommt. Erklären Sie diesen dazu zum Alleinerben oder vermachen Sie ihm das Riester-Vermögen.

Was gilt es sonst noch zu regeln?

Für Eltern minderjähriger Kinder ist es besonders wichtig, diese gut versorgt zu wissen. Das können sie mithilfe einer Sorgerechtsverfügung erreichen.

Für Ihr Vermögen haben Sie nun Regelungen getroffen. Aber was ist mit Ihren Daten im Netz? Auch hierfür sollten Sie Vorsorge treffen und so Ihren Erben einiges an Mühe und Ärger ersparen.

Nicht zuletzt kann es Ihre Angehörigen in einer schwierigen Situation entlasten, wenn sie Ihre Wünsche für Ihr Begräbnis kennen. Mithilfe einer Bestattungsverfügung können Sie diese verbindlich niederlegen.

Sorgerechtsverfügung: Zum Wohl der Kinder

Eltern, die früh sterben, hinterlassen eine riesige Lücke. Wenigstens können sie zu Lebzeiten dafür sorgen, dass ihre Kinder dann zu lieben Menschen kommen.

Es kommt glücklicherweise sehr selten vor, dass minderjährige Kinder beide Elternteile auf einmal verlieren. Etwa 1 000 Kinder im Jahr werden laut Deutscher Rentenversicherung auf diese Art zu Vollwaisen. Für den Fall, dass die Katastrophe eintritt, können Eltern vorsorgen – indem sie verfügen, dass ihre Kinder dann bei lieben Menschen aufwachsen, die sie versorgen und sich gut um sie kümmern.

Zu diesem Zweck sollten Mutter und Vater in einer Sorgerechtsverfügung handschriftlich festlegen, wer im Fall ihres Todes ihre Kinder vertreten soll. Sie vermeiden damit, dass das Familiengericht im ungünstigsten Fall einen Fremden als Vormund bestimmt. Wichtig: Die Verfügung gilt auch dann, wenn Eltern ihren Willen nicht mehr äußern können, weil sie etwa nach einem schweren Verkehrsunfall im Koma liegen.

CHECKLISTE

Den Vormund aussuchen

Nach dem Tod der Eltern geht das Sorgerecht nicht automatisch auf Angehörige oder Paten über. Sie sollten deshalb überlegen, wer als Vormund für Ihr Kind/Ihre Kinder infrage kommt und das Gespräch mit ihm suchen. Bei der Auswahl der Person können folgende Fragen helfen.

- Wer ist für die Übernahme des Sorgerechts geeignet?
- Wen würde das Kind selbst wählen?
- Bleibt dem Kind nach einem Umzug zum Vormund sein Umfeld wie Freunde und Schule erhalten?
- Sind dann weitere Familienmitglieder in der Nähe des Kindes, die ihm zusätzlichen Halt geben können?
- Wie groß ist das Vertrauen zu den möglichen Personen?
- Hat der Vormund genügend Zeit und Platz für das Kind/die Kinder?
- Ist diese Person tatsächlich bereit, die Vormundschaft zu übernehmen?

Was das Gesetz sagt

Stirbt nur ein Elternteil, geht das Sorgerecht automatisch auf den anderen über. Das gilt auch dann, wenn beide Eltern getrennt lebten und der Verstorbene das alleinige Sorgerecht hatte. Das Familiengericht schaltet sich dann nicht ein.

Anders liegen die Dinge, wenn der verstorbene Elternteil zu Lebzeiten per Sorgerechtsverfügung bestimmt und begründet hat, warum das Sorgerecht nach seinem Tod nicht auf den anderen Elternteil übergehen soll, sondern auf eine andere Person. Um sich ein Bild von der Situation zu machen, wird das Gericht nach dem Tod alle Beteiligten befragen – neben Mutter oder Vater das Kind selbst, den in der Verfügung benannten Vormund sowie eventuell Geschwister und Freunde des Verstorbenen.

INTERVIEW

Eine gute Wahl treffen

Voraussetzungen für die Wahl eines Vormunds sind Vertrauen und Sympathie. Was noch zu beachten ist, erklärt **Imke Schwerdtfeger**, Fachanwältin für Familienrecht und Mediatorin.

Wann ist eine Sorgerechtsverfügung sinnvoll? Was ist ein typischer Fall?
Imke Schwerdtfeger: Das Gesetz sieht vor, dass der verbliebene Elternteil das alleinige Sorgerecht erhält. Es gibt jedoch auch Fälle, in denen es ein alleinerziehender Elternteil nicht wünscht, dass der getrennt lebende Elternteil für das Kind sorgt. Gründe können zum Beispiel sein, dass das Kind diesen nur selten sieht und keine enge Bindung existiert.

Wie lange gilt eine Sorgerechtsverfügung?
Imke Schwerdtfeger: Eine Sorgerechtsverfügung ist kein Dokument, das automatisch gilt, bis das Kind volljährig ist. Sie sollte immer dann überprüft werden, wenn Lebensumstände sich ändern – nicht nur, was das eigene Leben betrifft. Zieht etwa der eingesetzte Vormund in eine andere Stadt, kann das dazu führen, dass eine andere, im selben Ort wohnende Person besser geeignet wäre, für das Kind zu sorgen – weil es bei einem Umzug nicht aus seinem Umfeld gerissen würde.

Mehrere Vormünder zu benennen – in welchen Fällen ist das ratsam?
Imke Schwerdtfeger: In der Regel übernimmt eine Person alle Bereiche der Sorge. Es ist jedoch auch möglich, dass eine Person sich um das Vermögen des Kindes kümmert und eine andere die Personensorge übernimmt. Dazu gehören beispielsweise schulische oder gesundheitliche Angelegenheiten. Eine Teilung des Sorgerechts zwischen mehreren Vormündern ist dagegen nicht möglich. Nur die Eltern eines Kindes können es sich teilen.

Die Wahl begründen

Eltern, die eine Sorgerechtsverfügung aufsetzen, sollten genau begründen, warum sie jemanden zum Vormund bestimmen. Nur so kann das Familiengericht die Wahl nachvollziehen und schließlich zum Wohl des Kindes entscheiden. Gleiches gilt, wenn Eltern vermeiden wollen, dass das Gericht eine bestimmte, in Beziehung zum Kind stehende Person zum Vormund bestimmt.

Neben der Benennung des Vormunds lassen sich in der Sorgerechtsverfügung auch Auflagen für die Verwaltung des Vermögens festschreiben, das das Kind geerbt hat, und bei Bedarf eine weitere Person als Verantwortlicher für die Vermögenssorge bestimmen.

Formulierungsbeispiel

Sorgerechtsverfügung
Für den Fall, dass wir, Eltern des unten benannten Kindes, die elterliche Sorge für unser unten benanntes Kind nicht mehr ausüben können, treffen wir folgende Sorgerechtsverfügung.

Wir (Vorname, Name, Geburtsdatum, Geburtsort und Wohnadresse der sorgeberechtigten Elternteile) erklären für unser gemeinsames Kind (Vorname, Name, Geburtsdatum, Geburtsort, Wohnadresse):
Für die Personensorge benennen wir: (Vorname, Name, Geburtsdatum, Geburtsort, Wohnadresse und Telefonnummer).
Als Ersatzperson benennen wir: (Vorname, Name, Geburtsdatum, Geburtsort, Wohnadresse und Telefonnummer).

Digitaler Nachlass: Ewig online

Nutzerkonten im Internet und online geschlossene Verträge bestehen oft über den Tod hinaus. Wer beizeiten regelt, was damit geschehen soll, nimmt Erben viel Arbeit ab.

Es ist ein Hauch von Ewigkeit, der uns im Internet umweht. Wenn wir einst sterben, werden wir weiterhin von unserer Facebook-Seite lächeln und E-Mails von Onlineshops bekommen. Eventuell werden wir als Meistbietender einer zu Lebzeiten gestarteten Internetauktion posthum sogar Eigentümer eines teuren Sammlerstücks. Kurzum: Das Internet weiß nichts vom Sterben.

Die Erben sind in der Pflicht

Informationen, die wir im Internet, aber auch auf lokalen Festplatten, auf USB-Sticks und Speicherkarten hinterlassen, gehören im Todesfall zur Erbmasse – genauer: zum digitalen Nachlass. Dieser umfasst nicht nur gespeicherte Daten, sondern auch online geschlossene Verträge – ob mit dem Versandhändler, dem Reiseanbieter oder der Auktionsplattform. Rechte und Pflichten gehen auf den Erben über. Dieser ist beispielsweise verpflichtet, den Mantel zu bezahlen, die Hotelbuchung zu stornieren oder die ersteigerten Goldmünzen abzunehmen. Die wenigsten Verträge enden mit dem Tod automatisch. Auch Nutzerkonten bei sozialen Netzwerken bleiben erst einmal bestehen.

Erben oder Angehörige stehen dann vor der Aufgabe, den digitalen Nachlass abzuwickeln – also Nutzerkonten aufzulösen und Verträge zu kündigen. „Die drängendste Frage lautet: Wie komme ich an die E-Mails des Verstorbenen heran?", sagt Peter Bräutigam von der Rechtsanwaltskanzlei Noerr. Diese könnten wichtige Hinweise enthalten, beispielsweise auf Bankkonten oder auf offene Rechnungen.

In der realen Welt lassen sich Geschäftsbeziehungen des Verstorbenen meist einfach nachvollziehen: Der Erbe ist beispielsweise berechtigt, die an diesen gerichteten Briefe zu öffnen.

Im Internet sieht die Sache ganz anders aus. Ohne Passwörter und andere Zugangsdaten wie Nutzernamen oder die E-Mail-Adresse ist es schwierig, den digitalen Nachlass zu ordnen und Pflichten des Verstorbenen zu erfüllen. Kennt der Erbe zum Beispiel ein Passwort nicht, kann er das dazugehörige Nutzerkonto nicht selbstständig aufrufen und löschen. Er muss sich dafür an den Dienstanbieter, etwa den E-Mail-Provider, wenden.

Neue rechtliche Lage

Bis Sommer 2018 war es für Erben auch rechtlich schwierig, an Daten heranzukommen. Die Anbieter konnten den Zugang zu E-Mail-Konten und Accounts in sozialen Netzwerken unter Hinweis auf das Telekommunikationsgeheimnis verweigern. Dieses sollte nicht nur den Verstorbenen selbst schützen, sondern auch Personen, mit denen er kommuniziert hatte.

Inzwischen aber hat sich die rechtliche Lage geändert: Am 12. Juli 2018 hat der Bundesgerichtshof in letzter Instanz entschieden, dass das Recht der Erben auf Zugang zum Facebook-Konto wichtiger ist als Datenschutz und Telekommunikationsgeheimnis.

Gegen den Internet-Riesen geklagt hatte eine Mutter, deren Tochter am Berliner U-Bahnhof Schönleinstraße tödlich verletzt worden war. Das Mädchen wurde von einem einfahrenden Zug überrollt und die Umstände ihres Todes waren ungeklärt. Die Mutter erhoffte sich vom Einblick in das Facebook-Konto der Tochter Aufklärung darüber, ob sie eventuell im Internet gemobbt worden war. Facebook aber verweigerte der Mutter den Zugriff, obwohl sie die Zugangsdaten hatte. Sie musste durch mehrere Instanzen klagen, um Recht zu bekommen.

Der Bundesgerichtshof urteilte am Ende, dass die Eltern einen Anspruch auf Zugang zu dem Account haben. Da auch Briefe und Tagebücher an die Erben übergingen, bestehe kein Grund, digitale Inhalte anders zu behandeln. Die Eltern treten somit als Erben in den Nutzungsvertrag ein, den ihre Tochter mit Facebook geschlossen hat.

Der Datenschutz stehe dem nicht entgegen. Schon zu Lebzeiten müsse bei sozialen Netzwerken mit Missbrauch gerechnet werden und damit, dass ein Nutzer die Chatverläufe Dritten zeige. Facebook-Nutzer könnten also prinzipiell nicht darauf vertrauen, dass bei dem sozialen Netzwerk niemand mitlese. Der Anspruch der Erben kollidiere auch nicht mit der Datenschutzgrundverordnung, die seit 25. Mai 2018 gilt.

Was sich für Sie ändert – und was nicht

Dieses Urteil ermöglicht es Erben nun, den Zugang zu Konten im Zweifel einzuklagen, falls Anbieter sich hartleibig zeigen.

Für Internetnutzer bedeutet das: Es ist für sie umso wichtiger ist, ihre Daten zu pflegen und Informationen zu löschen, von denen sie nicht möchten, dass sie in die Hände ihrer Erben gelangen.

UNSER RAT

Daten sicher hinterlegen

Zugangsdaten. Verschaffen Sie sich regelmäßig einen Überblick über Ihre Onlineaktivitäten. Listen Sie für jedes Nutzerkonto die Zugangsdaten auf. Nur so können Ihre Erben, Angehörigen oder andere Vertrauenspersonen später darauf zugreifen.

Sicherheit. Verwahren Sie die Liste sicher oder speichern Sie sie auf einem verschlüsselten USB-Stick. Teilen Sie einer Vertrauensperson Aufbewahrungsort und eventuelles Passwort mit.

Testament. Was mit Ihrem digitalen Nachlass geschehen soll, können Sie auch in einem Testament regeln. Legen Sie darin fest, wer Zugang zu welchen Internetdiensten erhalten soll oder welche Daten zu löschen sind.

Datenhygiene. Löschen Sie von Zeit zu Zeit Daten, die niemandem in die Hände fallen sollen oder die Sie nicht mehr brauchen. Das können zum Beispiel private E-Mails oder Fotos sein.

Es bedeutet aber nicht, dass Erben es jetzt einfacher hätten, Konten aufzuspüren, die sie nicht kennen. Hier können Sie einiges tun, um es Ihren Angehörigen leichter zu machen. Am besten, Sie gehen Schritt für Schritt vor.

Schritt 1: Verschaffen Sie sich einen Überblick über Ihre Onlineaktivitäten.

Erben ist häufig nicht klar, welche Internetdienste ein Verstorbener nutzte und welche geschäftlichen Beziehungen noch bestehen. Kein Wunder: Viele Menschen könnten schon zu Lebzeiten nur mit den Achseln zucken, würden sie gefragt, welche Dienste sie verwenden, wo sie registriert sind und welche digitalen Verträge sie gerade laufen haben.

Tipp: Um den Überblick über Ihre Onlineaktivitäten nicht zu verlieren, sollten Sie regelmäßig Ein- und Ausgang Ihres E-Mail-Postfachs durchforsten. Alte Newsletter, Bestellbestätigungen und Rechnungen können Aufschluss über Kundenkonten geben, die in Vergessenheit geraten sind.

Schritt 2: Überlegen Sie, wie Sie Ihren Nachlass regeln wollen.

Häufig hilft es schon, wenn Internetnutzer ihre Zugangsdaten – also E-Mail-Adressen, Nutzernamen und Passwörter – für Angehörige, Erben oder andere Personen auflisten und sicher hinterlegen. Im Fall des Falles kommen diese dann leicht an den Schriftverkehr heran und können Nutzerkonten ohne großen Aufwand auflösen.

Wer für größtmögliche Klarheit sorgen will, kann seinen digitalen Nachlass per Testament regeln. Darin lässt sich festlegen, ob Onlinekonten gelöscht oder der Familie bestimmte Daten nicht zugänglich gemacht werden sollen. Der Nutzer kann eine Person seines Vertrauens beauftragen, sich um die Umsetzung der im Testament festgelegten Wünsche zu kümmern.

Tipp: Alternativ dazu können Sie in einer Vorsorgevollmacht eine Person benennen, die im Krankheits- oder Todesfall Nutzungsverträge kündigen oder Daten löschen darf.

Schritt 3: Halten Sie eigene Wünsche fest und listen Sie Zugangsdaten auf.

Wenn Sie sich für die testamentarische Variante entscheiden, müssen Sie darauf achten, dass Sie klar formulieren:

Formulierungsbeispiel

Testament

Alleinige Erbin ist meine Ehefrau Rosalinde Meier-Hoffmann.

Zum Testamentsvollstrecker ernenne ich meinen Freund Max Brandner. Sein Aufgabenkreis beschränkt sich auf die Verwaltung meines digitalen Nachlasses, ausgenommen meine Bankkonten, die online geführt werden. Digitaler Nachlass sind alle meine Online-Rechtsbeziehungen, zum Beispiel mit E-Mail-Anbietern und Anbietern sozialer Netzwerke. Hierunter fallen insbesondere mein E-Mail-Konto bei web.de, mein Facebook-Konto und mein Konto bei eBay.

Den rein geschäftlichen Schriftverkehr soll Max Brandner an meine Ehefrau Rosalinde Meier-Hoffmann weiterleiten. Was geschäftlich und was privat ist, entscheidet aber Max Brandner nach seinem Ermessen. Alles Übrige ist zu löschen.

Max Brandner erhält keine Vergütung, aber Ersatz seiner Auslagen.

Wenn Sie sich dafür entscheiden, nur eine Liste mit Nutzerkonten zu führen, sollten Sie diese regelmäßig aktualisieren und ausgedruckt oder als Dokument auf einem verschlüsselten USB-Stick hinterlegen.

Tipp: Nutzen Sie das Formular „Nutzerkonten im Internet", das Sie im Formularteil dieses Ratgebers finden oder online unter test.de/formulare-nachlassset herunterladen können.

Bestattungsvorsorge: Den Abschied planen

Immer mehr Menschen möchten die Wünsche für ihre Beerdigung schon zu Lebzeiten festlegen. Auch Finanzierung und Grabpflege lassen sich frühzeitig regeln.

Angehörige, die einen lieben Menschen verlieren, müssen kurz nach dessen Tod nicht nur den Verlust verschmerzen. Sie haben auch viele Entscheidungen zu treffen: Wo soll der Verstorbene bestattet werden? Soll er eingeäschert oder im Sarg bestattet werden? Was für ein Grab soll er erhalten – eines mit oder ohne Grabpflege? Was für eine Trauerfeier soll es sein?

Trauerbegleiterin Eva Terhorst weiß, wie belastend es für Angehörige sein kann, nicht zu wissen, welche Wünsche der Verstobene hatte. „Die Organisation der Beerdigung ist die letzte Möglichkeit, etwas für den Verstorbenen zu tun. Für viele Angehörige ist es tröstlich, die Wünsche des Verstorbenen zu kennen und zu wissen, dass ihm Trauerfeier und Bestattung bestimmt gefallen hätten." Eva Terhorst empfiehlt älteren Menschen deshalb, schon zu Lebzeiten mit Angehörigen über die eigenen Beerdigungswünsche zu reden.

Die Wünsche lassen sich zudem schriftlich in einer Bestattungsverfügung darlegen. Darin kann der Verfasser detailliert beschreiben, was nach dem Tod mit seinem Leichnam passieren soll. Diese Willenserklärung kann jederzeit widerrufen werden.

Sarg oder Urne?

Die wichtigste Entscheidung vor dem Aufsetzen einer Bestattungsverfügung lautet: Möchte ich, dass meine sterblichen Überreste in einem Sarg begraben werden, oder sollen sie eingeäschert werden?

Wer sich für eine Erdbestattung entscheidet, kann als letzte Ruhestätte nur den Friedhof wählen. Urnen lassen sich darüber hinaus auch im Wurzelbereich eines Baumes (Baumbestattung), auf dem Meer (Seebestattung) oder in ehemaligen Gotteshäusern (Urnenkirchen) bestatten (siehe „Tipps zur Suche", Seite 101). In Bremen darf die Urne sogar im eigenen Garten bestattet werden.

Für eine Beisetzung auf hoher See ist eine Bestattungsverfügung empfehlenswert. Die Angehörigen müssen dafür in einigen Bundesländern eine Genehmigung bei der Stadt- oder Kommunalverwaltung des Sterbeortes einholen.

Anonyme Bestattung immer häufiger

Etwa jeder fünfte Verstorbene wird in Deutschland inzwischen anonym bestattet. Diese Zahl ermittelte Barbara Happe, Kulturwissenschaftlerin an der Friedrich-Schiller-Universität Jena. Anonyme Bestattung bedeutet: Die Urne des Verstorbenen wird in einem Gemeinschaftsfeld beigesetzt – meist auf einer großen Rasenfläche. Manchmal erinnert ein Namenschild auf einem Stein am Rand des Rasenfelds an den Verstorbenen. Der genaue Bestattungsort wird jedoch nicht gekennzeichnet.

Wer eine anonyme Bestattung plant, sollte auf jeden Fall seine Angehörigen einweihen. Viele Menschen brauchen nach dem Verlust eines nahestehenden Menschen

UNSER RAT

Alle Unterlagen parat

Bestattungsverfügung. Wenn Sie bestimmte Wünsche für Ihre Bestattung haben, können Sie diese in einer Verfügung festlegen. Binden Sie Ihre Angehörigen in die Planung ein und händigen Sie ihnen eine Kopie der Verfügung aus.

Formular. Das Formular für die Bestattungsverfügung finden Sie hinten im Heft. Auf Seite 103 erhalten Sie Tipps zum Ausfüllen des Formulars.

Aufbewahrung. Legen Sie die Verfügung zu den Dokumenten, die Ihre Angehörigen im Fall Ihres Todes zuerst benötigen. Dazu zählen Ihre Geburtsurkunde und – falls Sie verheiratet sind – Ihre Heiratsurkunde. Oft befinden sich beide Dokumente im Familienstammbuch. Sorgen Sie dafür, dass diejenigen, die Ihre Bestattung organisieren sollen, Zugang zu den Unterlagen haben.

einen Ort zum Trauern. „Ich habe auf Friedhöfen schon oft beobachtet, dass Trauernde versuchen, die Rasenfläche für die anonymen Bestattungen doch persönlich zu gestalten. Sie legen dort Blumen, Fotos, Herzen oder Porzellanengel ab, was aber laut Friedhofssatzungen auf anonymen Grabflächen eigentlich nicht gestattet ist", sagt Buchautorin Barbara Happe.

Ehepartner und Kinder in der Pflicht

In seiner Bestattungsverfügung muss der Verfasser eine Person angeben, die sich um sämtliche Angelegenheiten im Zusammenhang mit der Beerdigung kümmern soll. Diese Person kann er frei auswählen. Neben den Kindern kommen auch gute Freunde, ein Betreuer oder Nachbar oder sogar mehrere Personen infrage. Ihnen obliegt dann die Totenfürsorge. Liegt keine Bestattungsverfügung vor, gelten die Bestattungsgesetze des jeweiligen Bundeslandes. In allen ist zunächst der Ehepartner für die Organisation der Bestattung zuständig.

War der Verstorbene nicht verheiratet oder ist der Ehepartner bereits verstorben, müssen sich die Kinder darum kümmern. In welcher Reihenfolge eventuell auch Enkelkinder, Eltern und Geschwister in die Pflicht genommen werden, ist je nach Bundesland unterschiedlich geregelt. Interessierte finden unter www.aeternitas.de im Internet alle Bestattungsgesetze.

Finanzierung frühzeitig klären

Eine Beerdigung kostet durchschnittlich rund 6 000 Euro. Diese Zahl ermittelte der Aeternitas e. V., eine Verbraucherinitiative für Bestattungskultur. „Wie teuer es im Einzelfall wird, hängt vor allem von Bestattungsart und Gestaltung der Trauerfeier ab", sagt Alexander Helbach, Sprecher des Aeternitas e. V. Es ist daher sinnvoll, das Thema Finanzierung bereits beim Aufsetzen der Bestattungsverfügung mit zu beachten.

Sehr viele Bestattungen werden aus dem Nachlass des Verstorbenen bezahlt, andere durch einen zu Lebzeiten abgeschlossenen Vorsorgevertrag oder über eine Sterbegeldversicherung finanziert.

Das Bürgerliche Gesetzbuch regelt, dass die Erben die Beerdigung bezahlen müssen. Die Bestattungskosten zählen zu den sogenannten Nachlassverbindlichkeiten. Erst wenn diese vom Nachlass abgezogen sind, kann das Erbe verteilt werden.

Verfügt jemand über genügend Vermögen, um seine Bestattungswünsche zu finanzieren, und vertraut er seinen Erben, dass diese sie auch wunschgemäß umsetzen, muss er nichts weiter veranlassen.

Der Vorsorgevertrag beim Bestatter

Mit dem Abschluss eines Vorsorgevertrags lässt sich sicherstellen, dass die eigene Bestattung wunschgemäß durchgeführt wird. Der Kunde schließt hierbei mit einem Bestattungsunternehmen einen Vertrag über die Einzelheiten seiner Beerdigung ab. Dieser Vertrag kann auch den Kauf einer Grabstätte oder eines Grabsteins umfassen.

Die Kosten für die Beisetzung sind anschließend im Voraus zu bezahlen. Damit das Geld bei einer möglichen Pleite des Bestatters geschützt ist, sollte es entweder auf einem Sperrkonto hinterlegt oder von einem seriösen Treuhänder verwaltet werden.

Unternehmen, die Mitglied im Bundesverband Deutscher Bestatter sind, bieten Kunden einen Vertrag mit der Deutschen Bestattungsvorsorge Treuhand AG. Der Kunde schließt mit ihr einen Treuhandvertrag und überweist das Geld für seine Bestattung.

Der Treuhänder legt das Geld nach strengen Richtlinien an. „Außerdem wird es samt Zinsen durch eine Bankbürgschaft abgesichert", sagt Antje Bisping, Juristin bei der Deutschen Bestattungsvorsorge Treuhand.

Seine Arbeit finanziert der Treuhänder mit einem Teil der Kapitalerträge. Nach dem Tod des Kunden überweist er das Geld an das Bestattungsunternehmen. Dieses richtet dann wie vereinbart die Bestattung aus. Gut zu wissen: Laut Vorsorgevertrag eingezahlte Beträge gelten nach gängiger Rechtsprechung als Schonvermögen. Das bedeutet: Der Staat sowie mögliche Gläubiger dürfen das Geld nicht pfänden.

Eine weitere Möglichkeit, den Vorsorgevertrag mit dem Bestatter abzusichern, ist die Eröffnung eines Sperrkontos bei einer Bank oder Sparkasse. Dieses Konto wird auf den Namen des Vorsorgekunden eröffnet, der das Guthaben an den Bestatter verpfändet. Erst nach dem Tod des Kunden darf der Bestatter über das Geld verfügen.

Interessenten sollten vor dem Abschluss eines Vorsorgevertrags Angebote mehrerer Bestatter einholen. Sie sollten sich außerdem ganz sicher sein, dass sie den Vertrag später nicht kündigen wollen. Denn durch die Kündigung können Kosten entstehen.

BESTATTUNGSARTEN

Tipps zur Suche

Überblick. Informationen über sämtliche Bestattungsmöglichkeiten finden Sie online unter www.aeternitas.de.

Baumbestattung. Ob in Ihrer Nähe eine Baumbestattung möglich ist, zeigt Ihnen die Suchmaschine www.naturbestattungen-online.de.

Seebestattung. Anbieter finden Sie im Internet über Suchmaschinen wie Google und Yahoo. Geben Sie als Suchbegriffe zum Beispiel „Ostsee" und „Seebestattung" ein.

Urnenkirche. Es gibt sie unter anderem in Bonn, Datteln, Dortmund, Erfurt, Hamburg, Hannover, Köln, Krefeld, Lübeck, Osnabrück, Rheine und Trier. Wollen Sie online nach einer Urnenkirche suchen, nutzen Sie die Suchwörter „Urnenkirche", „Kolumbarium" oder „Grabeskirche".

Sterbegeldversicherung

Schließlich lassen sich Bestattungswünsche auch über eine Sterbegeldversicherung absichern. Diese wird vor allem Kunden verkauft, die erst noch Geld für ihre Bestattung ansparen möchten. Sie ist eine Spielart der Kapitallebensversicherung. Ihr Prinzip: Stirbt der Versicherte, zahlt der Anbieter die vorher vereinbarte Summe an den Bestatter oder die Angehörigen aus. Nur ein Teil der Kundenbeiträge fließt allerdings in den Sparanteil, den der Anbieter verzinst. Der Rest geht für Risikoschutz und Verwaltungskosten drauf.

Aufgrund der Kosten und wenig kundenfreundlicher Konditionen sind Sterbegeldversicherungen meist nicht empfehlenswert. Weitere Informationen finden Sie auf unserer Internetseite unter www.test.de/thema/sterbegeldversicherung.

Grabpflege als Auflage im Testament

Die Erben sind rechtlich nicht verpflichtet, sich um die Grabpflege des Verstorbenen zu kümmern. Das ist Sache desjenigen, der einen Nutzungsvertrag mit dem Friedhof abschließt. Diese Person hat auch die damit verbundenen Kosten zu tragen.

Hat der Verstorbene dagegen bereits zu Lebzeiten eine Grabstätte erworben, gehen die Nutzungsrechte auf die Erben über. „Um Streit zwischen Erben zu vermeiden, sollte das Thema Grabpflege schon zu Lebzeiten geregelt werden", empfiehlt Wolfgang Roth, Fachanwalt für Erbrecht aus Obrigheim.

Zu Konflikten kommt es vor allem dann, wenn sich ein Erbe ganz allein um die Pflege des Grabes kümmert und dieses zum Beispiel über Jahre hinweg bepflanzt und gießt, jedoch nicht mehr geerbt hat als seine Miterben. Eine faire Lösung wäre dagegen, die Kosten für die Grabpflege vor der Verteilung des Erbes vom Nachlass abzuziehen. Dazu müssen diese allerdings ausdrücklich zu den Nachlassverbindlichkeiten zählen. „Das ist nur dann der Fall, wenn der Verstorbene bereits zu Lebzeiten verfügt hat, dass die Grabpflegekosten seinem Nachlass entnommen werden sollen", erläutert Anwalt Wolfgang Roth.

Hier hat der Erblasser wiederum zwei Möglichkeiten: Entweder er verpflichtet im Testament einen Erben zur Grabpflege und verknüpft diese Auflage mit einem Geldbetrag. Oder aber er verfügt im Testament, dass ein Grabpflegevertrag mit einer Friedhofsgärtnerei abgeschlossen werden soll.

Formulierungsbeispiel

Grabpflege durch Friedhofsgärtnerei

Meinen Erben mache ich zur Auflage, meine Grabstätte regelmäßig zu pflegen und mit einer üblichen Grabbepflanzung zu versehen. Zu diesem Zweck ist für die Dauer der Ruhezeit ein Grabpflegevertrag mit einer Friedhofsgärtnerei abzuschließen. Die Kosten hierfür sind dem Nachlass zu entnehmen.

Formulierungsbeispiel

Auflage für die Grabpflege

Ich ordne an, dass mein Erbe (Name) die Auflage erhält, meine Grabstätte für die gesamte Ruhezeit zu pflegen. Hierfür soll er Geld vorab aus dem Nachlass entnehmen und zweckentsprechend verwenden. Diese Summe soll folgendermaßen ermittelt werden: Es werden Angebote von zwei Gärtnereien über die Grabpflege für die gesamte Ruhezeit eingeholt. Hieraus ist der Durchschnitt zu ermitteln.

Schließlich ist es wichtig, eine Person zu beauftragen, die überwacht, ob die Auflage zur Grabpflege auch umgesetzt wird.

Formulierungsbeispiel

Einsatz eines Testamentsvollstreckers

Zur Überwachung der Auflage ordne ich Testamentsvollstreckung an. Zum Vollstrecker bestimme ich (Name, Geburtsdatum). Sollte der Vollstrecker feststellen, dass der Auflage nicht ordnungsgemäß nachgekommen wird, muss der Vollstrecker auf Kosten des Auflagenbegünstigten für die restliche Ruhezeit eine Friedhofsgärtnerei beauftragen.

Ausfüllhilfe Bestattungsverfügung

Trennen Sie das Formular für die Bestattungsverfügung heraus, legen Sie es neben diese Anleitung und füllen Sie Schritt für Schritt die Ihnen wichtigen Punkte aus.

In einer Bestattungsverfügung können Sie festlegen, wie Sie sich Ihre Bestattung wünschen. Besprechen Sie Ihre Wünsche mit Ihren Angehörigen. Denn letztlich ist Ihre Grabstätte ein Ort für Ihre Hinterbliebenen, damit sie dort um Sie trauern können.

1. Vertrauensperson / Totenfürsorge

Personen, die Sie hier eintragen, organisieren Ihre Bestattung und sorgen dafür, dass Ihre in der Verfügung angeordneten Wünsche auch umgesetzt werden. Die Totenfürsorge umfasst das Verfügungsrecht über die Leiche und die Pflicht, die Bestattung des Verstorbenen zu veranlassen. Sie müssen keine engsten Angehörigen benennen. Der Totenfürsorgeberechtigte schließt auch den Nutzungsvertrag für Ihre Grabstätte ab. Sprechen Sie mit ihm über seine Aufgabe und händigen Sie ihm eine Kopie Ihrer Verfügung aus.

2. Bestattungsort

Wenn Ihre letzte Ruhestätte in einer bestimmten Stadt beziehungsweise an einem bestimmten Ort liegen soll, dann füllen Sie diese Rubrik aus.

3. Bestattungsart

Bei der Bestattungsart können Sie zwischen Erdbestattung und Feuerbestattung wählen. Beachten Sie, dass bestimmte Bestattungsarten, wie etwa die Baumbestattung, nur möglich sind, wenn Sie die Feuerbestattung wählen. Falls Sie eine anonyme Bestattung wünschen, sollten Sie dies mit Ihren Angehörigen klären. Möglicherweise ist es für sie belastend, wenn sie keinen Ort zum Trauern haben. Mit der Bestattungsart entscheiden Sie außerdem, ob für Ihre Begräbnisstätte eine Grabpflege nötig ist.

Punkte 4. bis 9.

Unter den Gliederungspunkten 4. bis 9. können Sie Regelungen zur Trauerfeier, zur Gästeliste für die Feier, zur Zeitungsanzeige oder zum Trauermahl treffen.

10. Sonstiges

Hier haben Sie Platz für Wünsche, die Sie bislang noch nicht in der Verfügung geäußert haben.

Service

Fachbegriffe erklärt

Abkömmlinge Abkömmlinge sind die direkten Nachfahren einer Person, also deren Kinder, Enkelkinder, Urenkel – und zwar unabhängig davon, ob ehelich, nichtehelich oder adoptiert.

Anfechten Hat jemand Zweifel daran, dass der Verstorbene sein Testament nicht so errichtet hat, wie er es tatsächlich wollte, kann er es anfechten.

Auflage Mit einer Auflage kann der Erblasser im Testament einen Erben oder Vermächtnisnehmer verpflichten, nach seinem Tod eine bestimmte Aufgabe zu erfüllen, etwa eine gemeinnützige Organisation regelmäßig mit einer Spende zu bedenken.

Ausschlagen Erben können eine Erbschaft ausschlagen, das heißt ablehnen. Das ist beispielsweise dann sinnvoll, wenn das Erbe nur Schulden bereithält. Der Erbe muss dann die Ausschlagung gegenüber dem Nachlassgericht in der Regel innerhalb einer Frist von sechs Wochen erklären.

Berliner Testament Das Berliner Testament ist eine Sonderform des gemeinschaftlichen Testaments beziehungsweise Ehegattentestaments. Meist setzen sich Ehepartner für den Fall ihres Todes gegenseitig als Alleinerben ein. Nach dem Tod des zweiten Partners erben ein oder mehrere Schlusserben. In der Regel sind das die Kinder.

Digitaler Nachlass Der digitale Nachlass umfasst nicht nur zu Lebzeiten gespeicherte Daten, sondern auch online geschlossene Verträge. Darunter fallen etwa Verträge mit Telekommunikationsdienstleistern, eigene Webseiten, E-Mail- und Social-Media-Konten, Guthaben bei Zahlungsdienstleistern, Cloud-Daten, auf analogen Medien gespeicherte Daten sowie virtuelle Adressbücher.

Dreißigster Der Dreißigste verpflichtet die Erben dazu, dem Lebenspartner und den Familienangehörigen des Vererbenden, die zum Zeitpunkt seines Todes mit ihm den Haushalt teilten, für mindestens 30 Tage nach dem Todesfall noch Wohnung und Unterhalt zu gewähren. Der Dreißigste lässt sich bei der Pflichtteilsberechnung nicht vom Nachlass abziehen, bei der Erbschaftsteuer dagegen schon.

Ehegattentestament Eheleute und eingetragene Lebenspartner können ein gemeinschaftliches Testament verfassen. Die häufigste Form ist das Berliner Testament.

Erbe Auf den Erben gehen nach dem Tod einer Person grundsätzlich deren Vermögen und Rechtsverhältnisse über. Der Erbe wird Gesamtrechtsnachfolger des Verstorbenen.

Erbengemeinschaft Sind mehrere Erben vorhanden, erben sie gemeinsam als Erbengemeinschaft. Bis sie den Nachlass unter sich aufteilen, müssen sie ihn verwalten und Entscheidungen grundsätzlich zusammen treffen.

Erbfall Stirbt eine Person, tritt der Erbfall ein. Zu diesem Zeitpunkt gehen deren Rechtsverhältnisse und ihr Vermögen auf den oder die Erben über.

Erblasser Der Erblasser ist derjenige, der sein Vermögen vererbt.

Erbschaft Durch eine Erbschaft, auch oft als Nachlass bezeichnet, erhält der Erbe oder erhalten die Erben laut Gesetz oder Testament das gesamte Vermögen des Erblassers nach dessen Tod (Gesamtrechtsnachfolge). Die Erbschaft enthält alle Rechtsverhältnisse des Erblassers.

Erbschaftsteuer Von Erben, Pflichtteilsberechtigten und Vermächtnisnehmern kann das Finanzamt Erbschaftsteuer verlangen. Ob und in welcher Höhe diese anfällt, hängt von der Höhe der Erbschaft und vom Verwandtschaftsverhältnis ab. Faustregel: Je näher der Erbe mit dem Verstorbenen verwandt ist, desto höher sein Freibetrag und desto geringer die Steuer. Durch das Ausnutzen persönlicher Freibeträge, etwa durch eine Schenkung zu Lebzeiten, lässt sich Erbschaftsteuer vermeiden oder vermindern.

Erbschein Der Erbschein ist ein amtliches Zeugnis, das anzeigt, dass jemand Erbe ist und welchen Beschränkungen er unterliegt. Ein Erbschein ist erforderlich, wenn lediglich ein eigenhändiges Testament existiert oder jemand durch gesetzliche Erbfolge zum Erben wird. Einen Erbschein müssen Erben beim Nachlassgericht beantragen. Das Gericht stellt ihn gebührenpflichtig aus, wenn es alle gesetzlichen Erben ermittelt hat. Es gibt Erbscheine für Allein- und Gemeinschaftserben.

Erbteil Der Erbteil ist der Anteil, den ein Miterbe an der Erbschaft erhält.

Erbvertrag Einen Erbvertrag schließt der Erblasser mit einer oder mehreren Personen ab. Darin lassen sich Erben einsetzen, Vermächtnisse und Auflagen vereinbaren.

Erbverzicht Der Erbverzicht ist eine notarielle Vereinbarung, in der ein gesetzlicher Erbe gegenüber dem Erblasser erklärt, auf sein künftiges Erbrecht zu verzichten.

Gesetzliche Erbfolge Existiert kein Testament, tritt die gesetzliche Erbfolge ein. Sie regelt die Rangfolge erbberechtigter Verwandter. An erster Stelle stehen Kinder, Enkel oder Urenkel, gefolgt von Eltern, Geschwistern, Nichten und Neffen. Außerdem haben Ehegatten sowie Partner einer eingetragenen Lebensgemeinschaft ein im Gesetz verankertes Erbrecht.

Gütergemeinschaft Im ehelichen Güterstand der Gütergemeinschaft gehört das Vermögen beiden Ehegatten gemeinsam. Beide dürfen nur gemeinsam darüber verfügen. Eine Gütergemeinschaft wird in einem notariellen Ehevertrag festgelegt. Stirbt ein Ehegatte, bekommt der überlebende Partner den gesetzlichen Erbteil ohne Zugewinnausgleich.

Gütertrennung Bei einer Gütertrennung bleiben die Vermögen beider Ehegatten getrennt. Jeder Partner bleibt Eigentümer seines Vermögens und haftet allein für Verbindlichkeiten, die er eingeht. Die Gütertrennung wird in einem notariellen Ehevertrag festgelegt. Weder bei der Scheidung noch beim Tod eines Partners erfolgt ein Zugewinnausgleich.

Nachlass Der Nachlass umfasst alles Vermögen und sämtliche Verbindlichkeiten, die ein Verstorbener hinterlässt. Meist werden Erbschaft und Nachlass synonym verwendet.

Nießbrauch Der Begriff beschreibt ein Nutzungsrecht an einer Sache, beispielsweise ein lebenslanges Wohnrecht für die Eltern im Haus eines Kindes. Den Nießbrauch gewährt stets der Eigentümer.

Pflichtteil Per Testament kann ein Vererbender Personen vom Erbe ausschließen. Enterbt er nahe Verwandte, gehen diese dennoch nicht leer aus. Das Gesetz spricht ihnen sowie dem Ehe- und eingetragenen Lebenspartner einen Pflichtteil zu. Dessen Wert umfasst die Hälfte des gesetzlichen Erbteils. Pflichtteilsberechtigte sind keine Erben, können aber von diesen die Auszahlung ihres Anteils verlangen.

Pflichtteilsberechtigter Pflichtteilsberechtigte sind nahe Angehörige des Erblassers. Sie haben einen gesetzlichen Anspruch auf einen Mindestanteil am Nachlass. Deshalb gehen sie nach dem Tod des Vererbenden nie ganz leer aus, auch wenn dieser sie per Testament enterbt hat.

Schenkung Eine Schenkung ist eine vertragliche Regelung, die nur zustande kommt, wenn beide Vertragspartner einverstanden sind. Über Schenkungen lässt sich ein Vermögen zu Lebzeiten aufteilen. Das hat Vorteile: Der Schenkende kann seinen künftigen Erben so die Erbschaftsteuer ersparen. Zwar werden Geschenke ebenfalls besteuert – doch nach jeweils zehn Jahren kann der Beschenkte seinen steuerlichen Freibetrag erneut ausnutzen. Eine besondere Form der Schenkung ist die „Schenkung von Todes wegen". Sie wird erst mit dem Tod des Schenkenden wirksam und auch nur dann, wenn der Beschenkte ihn überlebt. Eine solche Schenkung fällt nicht in den Nachlass, ist aber zu versteuern.

Sorgerechtsverfügung Mit einer Sorgerechtsverfügung können Eltern testamentarisch bestimmen, wer nach ihrem Tod ihre minderjährigen Kinder vertreten soll

Testament Soll Vermögen anders vererbt werden, als es die gesetzliche Erbfolge vorsieht, muss der Vererbende ein Testament aufsetzen – entweder eigenhändig oder mithilfe eines Notars oder Rechtsanwalts. Mit dem Testament setzt er die gesetzlichen Regeln außer Kraft und kann auch erbberechtigte Personen enterben.

Testamentsvollstrecker Ein Testamentsvollstrecker verwaltet nach dem Tod des Erblassers dessen Nachlass und teilt ihn auf. Die Testamentsvollstreckung muss ausdrücklich im Testament angeordnet werden.

Testierfähigkeit Testierfähigkeit ist die Fähigkeit, ein Testament zu errichten. Jede Person, die im Vollbesitz ihrer geistigen Kräfte ist, ist testierfähig. Dazu muss der Vererbende volljährig und voll geschäftsfähig sein. Auch Minderjährige, die mindestens 16 Jahre alt sind, können ein Testament machen – allerdings nur bei einem Notar. Menschen, die wegen einer psychischen Erkrankung oder Bewusstseinsschwäche nicht imstande sind, einen Willen zu bilden oder diesen zu Papier zu bringen, sind testierunfähig.

Verfügung von Todes wegen Oberbegriff für alle Anordnungen, die erst nach dem Tod wirksam werden, zum Beispiel Einzeltestament, gemeinschaftliches Testament und Erbvertrag.

Vermächtnis Wer einen Teil seines Vermögens, beispielsweise einen bestimmten – auch kleineren – Geldbetrag, einen wertvollen Gegenstand oder eine Immobilie einer Person, Firma oder Organisation überlassen will, diese aber nicht zum Erben machen möchte, der kann im Testament ein Vermächtnis bestimmen. Vermächtnisse können auch noch nicht erfüllte Forderungen und Rechte umfassen.

Vermächtnisnehmer Der Vermächtnisnehmer ist die Person, zu deren Gunsten der Erblasser ein Vermächtnis angeordnet hat. Der Vermächtnisnehmer wird nicht selbst Erbe, sondern kann den ihm vermachten Betrag oder Gegenstand von den Erben fordern. Diese sind verpflichtet, das Vermächtnis zu erfüllen.

Vorsorgevollmacht Per Vorsorgevollmacht regelt der Verfasser, welche Personen stellvertretend für ihn Entscheidungen treffen sollen, wenn er selbst nicht mehr dazu in der Lage ist.

Zugewinngemeinschaft Falls Ehegatten nicht in einem Ehevertrag anderes bestimmen, gilt für sie der Güterstand der Zugewinngemeinschaft. Das Vermögen, das jeder Partner in die Ehe einbringt, bleibt dann sein Eigentum. Stirbt ein Ehegatte, wird das während der Ehe hinzugewonnene Vermögen – der Zugewinn – zu gleichen Teilen aufgeteilt. Der Anteil des Verstorbenen zählt dann zu dessen Erbmasse und wird nach bestimmten Regeln verteilt.

Stichwortverzeichnis

Die Stiftung Warentest wurde 1964 auf Beschluss des Deutschen Bundestages gegründet, um dem Verbraucher durch vergleichende Tests von Waren und Dienstleistungen eine unabhängige und objektive Unterstützung zu bieten.

Wir kaufen – anonym im Handel, nehmen Dienstleistungen verdeckt in Anspruch.

Wir testen – mit wissenschaftlichen Methoden in unabhängigen Instituten nach unseren Vorgaben.

Wir bewerten – von sehr gut bis mangelhaft, ausschließlich auf Basis der objektivierten Untersuchungsergebnisse.

Wir veröffentlichen – anzeigenfrei in unseren Büchern, den Zeitschriften test und Finanztest und im Internet unter www.test.de

3., aktualisierte Auflage, 1. Nachdruck

Stiftung Warentest
Lützowplatz 11–13
10785 Berlin
Telefon 0 30/26 31–0
Fax 0 30/26 31–25 25
www.test.de
email@stiftung-warentest.de

USt-IdNr.: DE136725570

Vorstand: Hubertus Primus
Weitere Mitglieder der Geschäftsleitung:
Dr. Holger Brackemann, Daniel Gläser

Programmleitung: Niclas Dewitz

Autoren: Sophie Mecchia, Michael Sittig
Redaktion: Dr. Catrin Gesellensetter, Anja Hardenberg, Aline Klett, Eugénie Kowalski, Marion Weitemeier

Verifikation: Dr. Andrea Goldenbaum
Projektleitung/Lektorat: Ursula Rieth
Mitarbeit im Lektorat: Merit Niemeitz
Korrektorat: Christoph Nettersheim
Fachliche Beratung: RA Dr. Anton Steiner, München
Titelentwurf: Josephine Rank, Berlin
Layout: Martina Römer, Berlin
Illustrationen: Martina Römer, René Reichelt
Bildnachweis: jd-photodesign, Fotolia (Titel)

Produktion: Vera Göring
Verlagsherstellung: Rita Brosius (Ltg.),Romy Alig, Susanne Beeh
Litho: tiff.any, Berlin
Druck: Rasch Druckerei und Verlag GmbH & Co. KG, Bramsche

ISBN: 978-3-7471-0041-7

Wir haben für dieses Buch 100 % Recyclingpapier und mineralölfreie Druckfarben verwendet. Stiftung Warentest druckt ausschließlich in Deutschland, weil hier hohe Umweltstandards gelten und kurze Transportwege für geringe CO_2-Emissionen sorgen. Auch die Weiterverarbeitung erfolgt ausschließlich in Deutschland.

Service
Alle Formulare können Sie auch kostenlos online ausfüllen. Sie finden sie unter **www.test.de/formulare-nachlassset**

Formulare
zum Heraustrennen

Vermögensübersicht
Die Vermögensübersicht umfasst 9 Blätter.

Nutzerkonten im Internet
Nutzerkonten im Internet umfasst 3 Blätter.

Bestattungsverfügung
Die Bestattungsverfügung umfasst 4 Blätter.

Vermögensübersicht

Um sich einen Überblick über Ihr Vermögen und den möglichen Nachlass zu verschaffen, tragen Sie unter „1. Haben" Ihr positives Vermögen ein mit allen Bankkonten, Schließfächern etc. Unter „2. Soll" tragen Sie Ihr negatives Vermögen ein, also Ihre Schulden.

Bitte beachten Sie, dass das Formular unter Umständen nicht Ihre ganz persönlichen Lebensumstände berücksichtigt. Füllen Sie nur aus, was Sie betrifft, und lassen Sie die restlichen Textfelder frei bzw. ergänzen Sie – wenn nötig – auf einem Extrablatt.

Denken Sie daran, die Übersicht aktuell zu halten.

1. Haben

1.1 Bank- und Sparguthaben
(z. B. Girokonten, Sparbücher, Sparverträge, Tages- und Festgeldkonten)

Kreditinstitut

IBAN

Kontoinhaber

Bemerkungen (z. B. Bevollmächtigter, Aufbewahrungsort der Vollmacht)

Habenwert
(EUR)

Kreditinstitut

IBAN

Kontoinhaber

Bemerkungen (z. B. Bevollmächtigter, Aufbewahrungsort der Vollmacht)

Habenwert
(EUR)

Kreditinstitut

IBAN

Kontoinhaber

Bemerkungen (z. B. Bevollmächtigter, Aufbewahrungsort der Vollmacht)

Habenwert
(EUR)

1.2 Bankschließfach

Kreditinstitut

Fachnummer

Inhalt (z. B. Gold etc.)

Habenwert (EUR)

1.3 Wertpapiere / Wertpapierdepots

Wertpapiere / Depot bei

Depotnummer

Aufbewahrungsort der Unterlagen

Habenwert (EUR)

Wertpapiere / Depot bei

Depotnummer

Aufbewahrungsort der Unterlagen

Habenwert (EUR)

Wertpapiere / Depot bei

Depotnummer

Aufbewahrungsort der Unterlagen

Habenwert (EUR)

1.4 Beteiligung an Kapital- und Personengesellschaften

(z. B. Beteiligung an einer GmbH oder GbR)

Name / Art der Beteiligung

Aufbewahrungsort der Unterlagen

Habenwert (EUR)

1.5 Beteiligung an geschlossenen Fonds
(z. B. Immobilienfonds, Schiffsfonds)

Name / Art der Beteiligung

Aufbewahrungsort der Unterlagen

Habenwert
(EUR)

1.6 Ansprüche aus Lebensversicherungen

☐ Kapitallebensversicherung ☐ Risikolebensversicherung

Versicherungsgesellschaft

Begünstigte Person(en)

Versicherungsscheinnummer

Aufbewahrungsort der Unterlagen

Habenwert
(EUR)

☐ Kapitallebensversicherung ☐ Risikolebensversicherung

Versicherungsgesellschaft

Begünstigte Person(en)

Versicherungsscheinnummer

Aufbewahrungsort der Unterlagen

Habenwert
(EUR)

1.7 Ansprüche aus privater Altersvorsorge
(z. B. Riester-Rente, private Rentenversicherung)

Vertragsanbieter

Art der Altersvorsorge

Vertrags- / Versicherungsnummer

Aufbewahrungsort der Unterlagen

Habenwert
(EUR)

Vertragsanbieter

Art der Altersvorsorge

Vertrags- / Versicherungsnummer

Aufbewahrungsort der Unterlagen

Habenwert (EUR)

Vertragsanbieter

Art der Altersvorsorge

Vertrags- / Versicherungsnummer

Aufbewahrungsort der Unterlagen

Habenwert (EUR)

1.8 Ansprüche aus betrieblicher Altersvorsorge

Arbeitgeber

Betriebliche Altersvorsorge (z. B. Direktversicherung, Pensionskasse) bei

Personalnummer

Aufbewahrungsort der Unterlagen

Habenwert (EUR)

1.9 Ansprüche aus Bausparverträgen

Bausparkasse

Bausparvertragsnummer

Aufbewahrungsort der Unterlagen

Habenwert (EUR)

Bausparkasse

Bausparvertragsnummer

Aufbewahrungsort der Unterlagen

Habenwert (EUR)

1.10 Kraftfahrzeuge

Fahrzeug

Kennzeichen

Aufbewahrungsort Fahrzeugbrief

Habenwert (EUR)

Fahrzeug

Kennzeichen

Aufbewahrungsort Fahrzeugbrief

Habenwert (EUR)

Sonstiges (z. B. Angaben zu Wohnwagen, Motorboot etc.)

Habenwert (EUR)

1.11 Wertvolle Sammlungen, Antiquitäten
(z. B. Briefmarken, Bücher, Schmuck, Möbel, wertvolle Gegenstände)

Gegenstand

Aufbewahrungsort

Habenwert (EUR)

1.12 Gold, Münzen

Aufbewahrungsort

Habenwert (EUR)

1.13 Private Kredite
(z. B. Darlehen an Familienangehörige, gute Freunde)

Schuldner

Habenwert (EUR)

1.14 Forderungen aus Erbschaften

Erblasser

Art der Erbschaft

Habenwert
(EUR)

1.15 Ansprüche aus offenen Rechtsstreitigkeiten
(z. B. Scheidung, Schadenersatzklage, Steuerstreit, Abfindung)

Angaben hierzu

(bei Bedarf auf Extrablatt ergänzen)

Habenwert
(EUR)

1.16 Selbst genutztes Einfamilienhaus, Eigentumswohnung

☐ Haus ☐ Wohnung

Straße / Hausnummer

PLZ / Ort

Grundbuchbezeichnung und Grundbuchamt

Sonstiges (z. B. Miteigentumsverhältnisse)

Habenwert
(EUR)

1.17 Vermietete Immobilien

☐ Haus ☐ Wohnung

Straße / Hausnummer

PLZ / Ort

Grundbuchbezeichnung und Grundbuchamt

Sonstiges (z. B. Miteigentumsverhältnisse)

Habenwert
(EUR)

☐ Haus ☐ Wohnung

Straße / Hausnummer

PLZ / Ort

Grundbuchbezeichnung und Grundbuchamt

Sonstiges (z. B. Miteigentumsverhältnisse)

Habenwert (EUR)

1.18 Ferienhaus / -wohnung

☐ Haus ☐ Wohnung

Straße / Hausnummer

PLZ / Ort

Grundbuchbezeichnung und Grundbuchamt

Sonstiges (z. B. Miteigentumsverhältnisse)

Habenwert (EUR)

1.19 Sonstiges
(z. B. Betriebsvermögen, Rechte und Ansprüche aus Urheber- und Patentrechten)

Angaben hierzu

Aufbewahrungsort der Unterlagen

Habenwert (EUR)

Haben gesamt (EUR)

2. Soll

2.1 (Bauspar-)Darlehen, Hypotheken und Grundschulden

☐ (Bauspar-)Darlehen ☐ Hypothek ☐ Grundschuld

bei

Vertragsnummer

Sollwert (EUR)

☐ (Bauspar-)Darlehen ☐ Hypothek ☐ Grundschuld

bei

Vertragsnummer

Sollwert (EUR)

2.2 Ratenkredite

Kreditgeber

Vertragsnummer

Sollwert (EUR)

Kreditgeber

Vertragsnummer

Sollwert (EUR)

2.3 In Anspruch genommener Dispokredit/überzogenes Konto

Kreditinstitut

IBAN

Kontoinhaber

Bemerkungen (z. B. Bevollmächtigter, Aufbewahrungsort der Vollmacht etc.)

Sollwert (EUR)

2.4 Miet- oder Steuerschulden

Gläubiger

(bei Bedarf auf Extrablatt ergänzen)

Sollwert
(EUR)

2.5 Private Schulden
(z. B. bei Freunden, Angehörigen)

Gläubiger

Sollwert
(EUR)

2.6 Sonstiges

Angaben hierzu

(bei Bedarf auf Extrablatt ergänzen)

Sollwert
(EUR)

Soll gesamt
(EUR)

Summe des positiven Vermögens ______ (EUR)

Summe des negativen Vermögens ______ (EUR)

Stand der Auflistung ______

Potenzieller Nachlass ______

Nutzerkonten im Internet

Ich nutze folgende Dienste im Internet (bei Bedarf auf Extrablatt ergänzen):

1. E-Mail-Dienste

(z. B. web.de, gmail.com, gmx.de)

Anbieter / Internetadresse

Nutzername / E-Mail-Adresse

Passwort

Anbieter / Internetadresse

Nutzername / E-Mail-Adresse

Passwort

2. Versandhandel

(z. B. Amazon, Zalando, Otto)

Anbieter / Internetadresse

Nutzername / E-Mail-Adresse

Passwort

Anbieter / Internetadresse

Nutzername / E-Mail-Adresse

Passwort

Anbieter / Internetadresse

Nutzername / E-Mail-Adresse

Passwort

Anbieter / Internetadresse

Nutzername / E-Mail-Adresse

Passwort

3. Soziale Netzwerke

(z. B. Facebook, Xing)

Anbieter / Internetadresse

Nutzername / E-Mail-Adresse

Passwort

Anbieter / Internetadresse

Nutzername / E-Mail-Adresse

Passwort

4. Bezahldienste

(z. B. PayPal, paydirekt)

Anbieter / Internetadresse

Nutzername / E-Mail-Adresse

Passwort

Anbieter / Internetadresse

Nutzername / E-Mail-Adresse

Passwort

5. Eigene Homepage / Hostingdienste

(z. B. 1&1, Strato)

Anbieter / Internetadresse

Nutzername / E-Mail-Adresse

Passwort

Anbieter / Internetadresse

Nutzername / E-Mail-Adresse

Passwort

6. Eigene Internetverkäufe

(z. B. eBay, DaWanda)

Anbieter / Internetadresse

Nutzername / E-Mail-Adresse

Passwort

7. Sonstiges

(z. B. kostenpflichtige Informationsangebote, Streaming- und Clouddienste sowie Spieleplattformen)

Anbieter / Internetadresse

Nutzername / E-Mail-Adresse

Passwort

Anbieter / Internetadresse

Nutzername / E-Mail-Adresse

Passwort

Stand der Auflistung

Bestattungsverfügung

Diese Verfügung ist sehr umfassend. Füllen Sie nur die Aspekte aus, die Ihnen wichtig sind. Unwichtiges streichen Sie durch.

Ich,

Vorname Name | Geburtsdatum

wohnhaft in

möchte meinen Angehörigen im Folgenden darlegen, welche Wünsche ich für meine Bestattung habe.

1. Meine Vertrauensperson / Totenfürsorge

Um die Totenfürsorge und die Organisation meiner Bestattung soll/-en sich die folgende/-n Person/-en kümmern:

2. Bestattungsort

☐ Ich möchte in der folgenden Stadt / an folgendem Ort bestattet werden:

☐ Der Bestattungsort ist mir egal.

3. Bestattungsart

Sie müssen sich entscheiden. Entweder Sie wählen die Erdbestattung (Körperbeisetzung) oder die Feuerbestattung (Aschebeisetzung), siehe nächste Seite.

3.1 Erdbestattung

☐ Ich wünsche eine **Erdbestattung:**

☐ in einem Grab mit Bepflanzung und einem Grabstein.

☐ in einem Erdgemeinschaftsgrab (Achtung, diese Grabform bieten nicht alle Friedhöfe an).

☐ Ich verfüge bereits über eine Grabstätte und möchte dort beigesetzt werden. Sie befindet sich in:

☐ In einem Grab, das folgendermaßen aussehen soll (etwa ein Reihen- oder Wahlgrab oder gemeinschaftlich mit Ihrem Lebenspartner):

3.2 Feuerbestattung

☐ Ich wünsche eine **Feuerbestattung** und möchte, dass die Urne mit meiner Totenasche folgendermaßen beigesetzt wird:

☐ in einem Erdurnengrab auf dem Friedhof mit Grabmal und Bepflanzung.

☐ in einem Erdurnengrab auf dem Friedhof ohne Bepflanzung.

☐ in einem anonymen Urnengrab auf einem Friedhof.

☐ in einem pflegefreien oberirdischen Urnenbauwerk, z. B. Urnenkirche oder Kolumbarium.

☐ unter einem Baum (Baumbestattung).

☐ auf See.

☐ Ich verfüge bereits über eine Grabstätte und möchte dort beigesetzt werden. Sie befindet sich in:

____

☐ Ich möchte nichts von alledem, sondern dass mit meiner Totenasche folgendermaßen verfahren wird (z. B. Beisetzung in einer bestimmten Grabart, wie Reihen- oder Wahlgrab oder etwa gemeinschaftlich mit Ihrem Lebenspartner):

____

____

____

____

4. Trauerfeier

☐ Ich wünsche keine Trauerfeier.

☐ Ich wünsche eine nichtreligiöse Trauerfeier.

☐ Ich wünsche eine Trauerfeier mit Kirchenbeistand durch die evangelische Kirche.

☐ Ich wünsche eine Trauerfeier mit Kirchenbeistand durch die katholische Kirche.

☐ Ich wünsche eine Trauerfeier mit Beistand durch die folgende Institution:

____

____

____

____

____

5. Gäste bei der Trauerfeier

Ich möchte, dass folgender Personenkreis zu meiner Trauerfeier eingeladen wird:

☐ mein engster Familienkreis.

☐ meine Freunde und Bekannten.

☐ Die Trauerfeier soll öffentlich sein.

Folgende Personen sollen eingeladen werden:

____

____

____

Folgende Personen sollen nicht eingeladen werden:

____

____

6. Zeremonie / Gottesdienst

Ich habe hinsichtlich meiner Trauerfeier folgende Wünsche (hier können Sie z. B. Musikwünsche, Blumenwünsche sowie Wünsche bezüglich der Rede eintragen):

____

____

____

7. Trauermahl

Ja	Nein	
☐	☐	Ich wünsche, dass nach der Trauerfeier ein Trauermahl stattfindet.

8. Zeitungsanzeige

☐ Ich wünsche keine Traueranzeige in der Zeitung.

☐ Ich wünsche eine Traueranzeige in der / den folgenden Zeitung/-en:

____

____

____

Die Anzeige soll den folgenden Text beinhalten (z. B. Taufspruch, Bibelzitat):

____

____

____

Ja	Nein	
☐	☐	Die Traueranzeige soll Termin und Adresse der Bestattung bzw. Trauerfeier nennen.

9. Grabmal / Grabstein

☐ Ich wünsche mir folgendes/-n Grabmal / Grabstein:

____

____

____

☐ Ich wünsche die folgende Inschrift:

____

____

____

☐ Ich wünsche kein/-en Grabmal / Grabstein.

10. Sonstiges

Falls Sie noch weitere Bemerkungen oder Wünsche haben, z. B. hinsichtlich einer Aufbahrung, der Gestaltung einer Trauerkarte oder der Bestattung, können Sie diese hier notieren:

____

____

____

____

Ort, Datum, Unterschrift

(Legen Sie diese Verfügung ins Familienstammbuch. Dieses Dokument benötigen Ihre Angehörigen im Fall Ihres Todes zuerst. Informieren Sie die Angehörigen, wo Sie die Unterlagen aufbewahren. Die Verfügung kann jederzeit geändert werden.)